寻路东坡

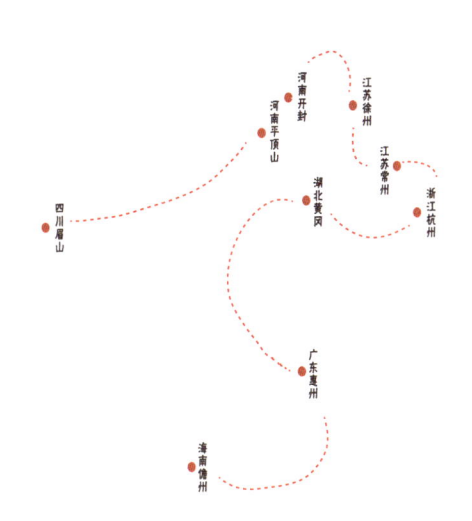

封面新闻 编著

四川眉山
河南开封
河南平顶山
江苏徐州
江苏常州
浙江杭州
湖北黄冈
广东惠州
海南儋州

四川人民出版社

图书在版编目（CIP）数据

寻路东坡 / 封面新闻编著. -- 成都：四川人民出版社, 2023.6（2023.11重印）
ISBN 978-7-220-13236-0

Ⅰ.①寻… Ⅱ.①封… Ⅲ.①苏东坡（1036-1101）—传记 Ⅳ.①K825.4

中国国家版本馆CIP数据核字（2023）第077221号

XUNLU DONGPO
寻路东坡

封面新闻　编著

出 版 人	黄立新
策划统筹	李淑云
责任编辑	朱雯馨　曹　娜
版式设计	张迪茗
封面设计	叶　茂
责任校对	舒晓利
责任印制	周　奇
出版发行	四川人民出版社（成都三色路238号）
网　　址	http://www.scpph.com
E-mail	scrmcbs@sina.com
新浪微博	@四川人民出版社
微信公众号	四川人民出版社
发行部业务电话	（028）86361653　86361656
防盗版举报电话	（028）86361653
照　　排	四川胜翔数码印务设计有限公司
印　　刷	四川新财印务有限公司
成品尺寸	140mm×205mm
印　　张	8.5
字　　数	190千
版　　次	2023年6月第1版
印　　次	2023年11月第2次印刷
书　　号	ISBN 978-7-220-13236-0
定　　价	68.00元

■版权所有·侵权必究
本书若出现印装质量问题，请与我社发行部联系调换
电话：（028）86361656

人生如逆旅，我亦是行人
谨以此创意视频，献给我们都爱的东坡先生。

扫描二维码　领略东坡居士快意人生

《寻路东坡》编著者名单

主　编

谭江琦　周　琪

编　委

梁书豪　谢　梦　余　行　杨　华　崔　燃

策划统筹组

李昊皎　姜宣凭　唐金龙　陈　颖　刘　卓　张菲菲　罗彬月

采访/文稿组

吴德玉　张　杰　徐语杨　李雨心　刘可欣　周　琴　荀　超
杨　帆　李　庆　王越欣

视频组

纪陈杰　邓景轩　梁家旗　周　彬　陈光旭　白　凯　刘雨薇
徐瑛蔓　欧阳晨雨　王四维

漫　画

杨仕成

视觉组

罗　乐　赵海运　何　玙　苏佳馨　姚海涛　郭可馨　李潇雪

技术组

王洪斌　向茂槐　赵长海　张　渊　杨希典

编辑组

龚爱秋　王　浩　江　亨　胡丽苹　徐亚岚　郭馨鞠　谢婷婷

目 录

序　言　雪泥鸿爪与心路历程 .... / 001

前　言 .... / 006

第一站　四川眉山　东坡的故乡与成长之地

寻路东坡｜从眉山出发，那个少年叫苏轼 .... / 002

采访手记｜每个人心中，都有一座自己的远景楼 ...... / 026

第二站　河南开封　金榜题名之地

寻路东坡｜梦开始的地方：眉州少年在汴京 .... / 030

采访手记｜寻找那一份生命的热情 .... / 053

第三站　江苏徐州　政绩最高峰

寻路东坡　|苏轼在徐州：一座城，成了他的名.......... / 058

采访手记　|在天为星辰，在地为河岳...................... / 080

第四站　湖北黄冈　是炼狱亦是福地

寻路东坡　|黄州涅槃重生："坡仙"于此遨游九天... / 084

采访手记　|摇滚苏东坡，在他的舞台上"想唱就唱"... / 104

第五站　浙江杭州　最闲适得意之处

寻路东坡　|杭州：苏轼与他传世的西湖画卷............. / 110

采访手记　|寻路西湖畔，明月清风我...................... / 140

第六站　广东惠州　寄情山水、疗愈人生的苦旅

寻路东坡　|在惠州读懂苏东坡：寄情山水、

　　　　　　疗愈人生的苦旅............................. / 144

采访手记　|看清人间险恶，仍然热爱世界................. / 165

第七站　海南儋州　冠绝平生的逆旅

寻路东坡 | 一场冠绝平生的逆旅：苏轼的屈辱贬谪，

成就海南的大幸 .... / 168

采访手记 | 岂与穷达俱存亡 .... / 190

第八站　江苏常州　东坡的"第二故乡"

寻路东坡 | 苏轼与常州，三十年生死相依 .... / 196

采访手记 | 每个热爱东坡的人，都应该去常州走走 ... / 222

第九站　河南郏县　一生安息处

寻路东坡 | 一生安息处，"归乡"小峨眉 .... / 226

采访手记 | 这一路我们到底寻找到了什么 .... / 245

附录　苏轼人生地图 .... / 250

序 言　雪泥鸿爪与心路历程

莫砺锋（南京大学人文社科资深教授、中国宋代文学学会会长）

　　无论实际行迹还是心路历程，苏东坡都是一个名副其实的漂泊者。他青年时代离开家乡进京应试并出仕，后因母丧与父丧两次返蜀。那条"难于上青天"的蜀道，东坡走过三次；那条以"瞿塘天下险"而闻名的三峡，他曾经过两次。他还曾在多地做过地方官：凤翔、杭州、密州、徐州、湖州、登州、颍州、扬州、定州。其中时间最长的是杭州，前后两任一共长达5年。时间最短的是登州，到任5天便奉命调离。此外东坡还曾三度被贬，在黄州、惠州和儋州度过了长达10年的贬谪生涯。至于东坡偶然途经或短暂停留的地方，更是不计其数。频繁转徙、居无定所的生涯当然会催生东坡内心的漂泊感，诸如"此生定向江湖老，默数淮中十往来""便合与官充水手，此生何止略知津"的诗句，真是感慨万千。东坡年轻时的名句"人生到处知何似，应似飞鸿踏雪泥。泥上偶然留指爪，鸿飞那复计东西"，堪称漂泊人生的最佳描述。然而东坡在神州大地上留下的却是一串串清晰的足迹，历经千年仍然历历在目，后人可以追踪巡礼，进而缅怀追慕，其故安在？

　　首先，东坡终生勤奋，那种在大名士身上容易产生的懒散、放逸等缺点在东坡这儿不见踪影。我们不必说他是在徐州城头浑身泥浆指挥抗洪，或在西湖筑堤工地上与民工同食陈仓米饭的地方长官，即使作为安坐在翰林院里待诏草制的学士，或是栖身于不避风雨的桄榔庵里的逐客，东坡也始终勤勉地对待人生，从不虚度光阴。除了在朝中勇于参政议政与在地方上创造卓著政绩之外，东坡还给我们留下海量的学术著作和文艺作品，其水平则达到了史上罕有的高度。如果不是惜时如金，他怎么可能在短短的一生中做出如此巨大的贡献？元符三年（1100），刚从海南北归的东坡行至曲江，一叶扁舟搁浅在沙滩上，四周都是湍急的江水，旁人惊慌失措，东坡却神色自若地在倾斜的船舱中写字。这不但体现了东坡处变不惊的度量，而且体现了他自强不息的精神，与其困在船中无所事事，不如抓紧时间来写字，至于眼皮底下的惊涛骇浪和凶险暗礁，则一概置之度外。东坡始终把"君子以自强不息"的古训当成人生的座右铭，他脚踏实地地走完了全部人生历程，他留下的每一个脚印都像化石一般坚实，历经千年风雨也难以磨灭。

　　其次，东坡的思想自由通脱，他的情感既执着又潇洒。东坡固然热爱岷江峨眉之间的家乡，但对遥远的异乡也都安之若素。东坡曾称颂韩愈说："公之神在天下者，如水之在地中，无所往而不在也。"天下之士当然应以四海为家，东

序言

坡就是以这种襟抱对待转蓬般的流宦和流徙。他初到杭州便作诗说："前生我已到杭州，到处长如到旧游。"他甚至对那些荒凉僻远的贬谪之地也有类似的亲切感，他在黄州写信给友人说："某谪居既久，安土忘怀，一如本是黄州人，元不出仕而已。"他在垂暮之年被贬到惠州，作诗抒感说："仿佛曾游岂梦中，欣然鸡犬识新丰。"他在海南的儋州度过了艰苦卓绝的3年，北归前作诗留别当地的土著友人说："我本海南民，寄生西蜀州。忽然跨海去，譬如事远游。"黄州、惠州、儋州都是东坡被命运偶然抛往的荒僻之地，他却不但随遇而安，而且视他乡如故乡。所以东坡对神州大地山水自然的热爱是全方位的，他不仅喜爱那些雄伟壮丽的名山大川，也欣赏默默无闻的普通山川。他在号称"东南山水窟"的杭州固然诗兴勃发，对密州的桑麻之野和平冈荒山也深感亲切。要不是见诸东坡的题咏，密州的马耳、常山岂会广为人知？黄州的赤壁又何以成为名震天下的地方？经过东坡妙笔生花的题咏，他的屐痕所及都已成为"世界自然与文化双遗产"，后人追踪东坡的游踪，不但可以领略祖国的大好河山，还能感受中华的优秀文化。

  其三，东坡一生中不断地思考人生的意义，不断地追寻人生的真谛。他的行走轨迹当然属于空间的性质，但也展示着心路历程的时间维度。人生苦短，汉末的古诗中说："人生天地间，忽如远行客。"陶渊明在《自祭文》中说："陶子将辞逆旅之馆，永归于本宅。"李白更扩展此意说："夫天地者，万物之逆旅也。"虽然人生短促得像一次短暂的旅行，人们的精神追求却没有止境，他们必然要寻觅一个永久的归宿地，来安顿他们的灵魂，关于天堂、乐土的虚幻彼界便应运而生。东坡虽然鄙弃世俗的荣华富贵而追求精神超越，但他认定"仙山与佛国，终恐无是处"，他要实现人生超越的场所就在人间。"我欲乘风归去，又恐琼楼玉宇，高处不胜寒。起舞弄清影，何似在人间。"相传宋神宗读了这句苏词感动地说："苏轼终是爱君。"其实东坡深切依恋的对象并非君主或朝廷，而是整个人间。自幼至老，东坡一生中历尽坎坷，阅尽沧桑，但他的人生态度兼有坚韧不拔与从容淡定两大因素，从而达到了"一蓑烟雨任平生"的人生境界。东坡就是在风雨人生中实现了精神超越，在艰苦逆境中创造了辉煌业绩。显然，当后人沿着东坡的足迹一路前行，他们也是在追寻东坡的心路历程，从而汲取奋发积极的精神力量。

"江山也要伟人扶"，东坡一生屐痕所至，都成为后人追怀其流风遗韵的胜地，都留下了以东坡命名的地名或建筑物。因东坡而得名的名胜首推杭州西湖的苏堤，它早已成为后人观赏西湖和凭吊东坡的双重胜地。在眉山，连鳌山的栖云寺、三峰山的实相寺和华藏寺都相传为东坡读书处。东坡年轻时乘舟出蜀途经乐山，乐山城西的苏稽山上便建有一座"坡老亭"。类似的建筑还有江苏常州的"景坡堂"、江西瑞昌的"景苏堂"、湖北阳新的"怀坡阁"和"怀坡楼"、海南儋州的"见坡室"等。江西修水的山间有一小溪，东坡离开黄州后曾从那里渡水，乡人以此为荣，将此渡取名为"来苏渡"。从宋迄今，人们对东坡的仰慕追怀从未中止，到了现代更是蔚为壮观。最近四川的封面新闻正式启动了

序言

"寻路东坡"的大型人文采访活动,派出9路记者重走东坡的人生足迹。他们把沿途采访形成的专题报告编成书稿,并索序于我。我读完书稿,仿佛跟随记者进行了一次丰富多彩的精神巡礼,于是欣然命笔,向东坡献上一瓣心香。如何卓有成效地继承传统文化?怎样生动活泼地讲好中国故事?封面新闻的"寻路东坡"便是一次成功的尝试!

前言

人这一生，总会在某个时刻，遇见苏东坡。

少年得志，名满天下，腹有诗书气自华。几经沉浮，路险且远，在逆境中搜寻人间的有味清欢。

仕宦生涯数十载，苏轼辗转于神州大地。从初到开封的意气风发，被贬黄州的超然豁达，到外放儋州的人生秋凉……他将心安处皆当作故乡，修水利、兴教育，甚至也自嘲平生为口忙，发明了不少美食。

苏轼的一生颠沛流离，但东坡的故事从未流亡。

2023年2月4日，立春。封面新闻正式启动了"寻路东坡——大型人文采访活动"，派出9路记者重走苏轼人生足迹，寻访北宋年间的明月清风与东坡故事，完整还原真实、丰满的苏东坡一生。

从成都出发，我们的首站来到了苏轼生于斯长于斯的土地。宋仁宗景祐三年，苏轼生于眉州。这里山不高而秀，水不深而清，苏轼在这片土地度过

前言

了人生的头20年。四川自古物华地灵、文人辈出。到苏轼生活的年代，许多蜀地士人相继登朝入仕，以文章功业闻名天下。仅苏轼进京参加进士考试那一年，眉山一县进士及第者就有13人之多。

21岁时，苏轼随父亲苏洵、弟弟苏辙同去京城汴梁（今河南开封）参加进士考试。开封，成为苏轼梦想开始的地方，其一生的沉浮也都来自庙堂之上最高的决策。第二站，我们来到了这里，一个他展过翅也折过臂的地方。因与王安石政见不合，他上疏请求外任。走过风光旖旎的杭州、艰苦寂寥的密州，40岁时，苏轼在徐州度过了一段相对惬意的时光。

徐州位于黄河下游，历史悠久，物产丰饶。热爱名胜的苏轼在这里找到了许多乐趣，留下了大量与他有关的古迹。也正是在这个时期，黄庭坚、秦观等人纷纷投入苏轼门下，形成"苏门"。今天，研究者们会说，没有苏轼的徐州岁月，就没有"大江东去"。他在徐州任职仅两载，徐州百姓却记颂了他近千年。第三站，我们在徐州为东坡停留。

"乌台诗案"爆发后，苏轼迎来了至暗时刻。在身体与精神被双重折磨130余天后，元丰三年（1080）正月初一，当百姓都沉浸在新年的氛围时，劫后余生的苏轼被押解前往黄州（今湖北黄冈）赴任。徐行迎风雨，黄州成为苏轼人生路上的重要转折。长恨此生非我有，初到黄州的苏轼战栗而谨慎，但超然旷达的他总能苦中作乐。开荒地，自号"东坡居士"，闲来无事以美食为趣，自笑平生为口忙。苏轼的大量名篇诞生于黄州，三咏赤壁成绝唱。重走东坡路，怎能不去黄州？第四站，我们在黄州见证苏轼到苏东坡的转身。

元祐四年（1089），历经沉浮的苏轼已过知命之年，他再度被外放杭州。这是苏轼第二次来杭州上任，他欣喜若狂。浮生若梦，谁能想到，漫长的15年后，他又一次来到了这个旖旎繁华之地。这一次，他全面治理了西湖、建堤坝、修石塔，造就了如今的苏堤春晓、三潭印月。第五站，我们造访了苏轼留给杭州的传世西湖画卷。

在苏轼快60岁时，政治风暴再度袭来，他被贬岭南。"一自坡公谪南海，天下不敢小惠州。"彼时的岭南条件极为艰苦，不为外人所知。被苏轼评为人生三大功业之一的惠州，锻炼着他的意志，也振奋着他的精神。日啖荔枝三百颗，走到哪里都是故乡。第六站，我们来到广东惠州，在这里读懂苏轼疗愈人生的苦旅。

不过比起海南岛，惠州尚算安逸之地。62岁那年，苏轼登舟渡海，被贬至彼时蛮荒的海南。对于传统士大夫而言，这可谓人生极苦。但苏轼依然能找到精神的皈依，超然自得，不改其度。在儋州，苏轼移风易俗充当起了文化大使的角色，甚至为海南岛培养了有史以来的第一名举人。苏轼的屈辱贬谪，却成就了海南的大幸。我们的第七站，在海南儋州遇见晚年东坡的诗意时光。

在生命的最后两年，苏轼终于获得了释令。年轻时，他曾多次路经常州，对那片江南富庶之地魂牵梦绕。北归途中，苏轼选择了在常州终老，未承想，到达常州仅40余日，苏轼就因病去世，四方震悼，山河皆悲。常州百姓争相为苏轼送行，吴越之民，相与哭于市。江苏常州，这个与苏轼30年间生死相依之地，是我们走过的第八站。

前言

"寻路东坡"的最后一站，我们前往了河南郏县，来到了苏轼最后的归葬之所。在写给弟弟苏辙的信中，苏轼嘱托，将他归葬于嵩山之下。第二年，苏辙将苏轼葬于河南郏县，如今，"三苏"已成为这里的文化符号，世代传承。

苏海浩瀚，值得我们终其一生为之探寻。今年立春时节，封面新闻9路记者从成都出发，对上述9地的苏轼研究协会专家、博物馆研究员、考古人员、历史学者、东坡后人、城市文化研究者、市民百姓等进行了全方位采访，寻他走过的路，访他留下的痕。

沿着苏轼的足迹，我们试图抵达的，不仅是他一生沉浮的寓所，也是不管走到何处，都能让他心安的精神家园。

回到成都后，"寻路东坡"采访小组接到了许许多多读者看了报道后发来的反馈。有沿途站点的客栈老板主动想为采访组免费提供住宿，以感谢我们对当地东坡文化的发掘；也有各地苏轼研究学会的关注和讨论；有鼓励与称赞，也有疑惑与不解。种种声音和关注，都让参与"寻路东坡"采访报道的9路记者倍感荣幸和感动。

遂整理拾掇，将"寻路东坡"专题报道化为书籍文章，以9个站点形成9章，以记者采访实录为依据，把媒体的思路转化为文学的语言，将一路所见所闻所感记叙其中，与君共赏。

寻路东坡，寻味东坡，寻乡东坡。这一路，世间所有的困顿，都将有所停靠。

"寻路东坡"采访报道组
2023年5月

四川眉山

东坡的故乡与成长之地

河南开封
江苏徐州
河南平顶山
江苏常州
浙江杭州
湖北黄冈
广东惠州
海南儋州

从眉山出发，那个少年叫苏轼

2023年2月4日，立春。封面新闻正式启动"寻路东坡——大型人文采访活动"，派出9路记者重走苏轼人生足迹，寻访北宋年间的明月清风与东坡故事，完整还原真实、丰满的苏东坡一生。

宋仁宗景祐三年腊月十九（公元1037年1月8日），苏轼出生于眉州眉山（今四川眉山）。他先后在这里度过了26年，包括自己的整个童年。"可以说，在眉山的成长经历，对他的人格培养、三观形成和日后的处世方式，具有决定性的影响！"眉山市作协主席刘小川说。

要了解一个人，就要了解他所处的时代，了解他的童年。苏东坡的故乡眉山是什么样的？这里为何能孕育出这位中国文化巨人？他的早年成长经历又能给我们什么样的启示？

天时：孙氏书楼，开启眉山雕版印刷的繁盛

三苏祠，这里是有史可考的苏东坡在眉山时的故居。

眉山

三苏祠《古纱縠行》铜版画

900多年前，苏东坡家门口这条纱縠行，还是一条专做纱线、布帛买卖的街巷。苏母程夫人在街上租了一个店铺经营，贴补家用。21岁那年，苏东坡首次离开眉山，赴京赶考，高中进士。

三苏祠千年来的命运，跟曾经在这里居住过的苏东坡一样几经波折。

根据官方资料，三苏祠位于眉山市东坡区纱縠行，是北宋著名文学家苏洵、苏轼、苏辙三父子的故居。元代改宅为祠，明末毁于兵火，清康熙四年（1665）在原址上模拟重建，是三苏纪念祠堂和人文旅游胜地。苏轼在此生活26年，其多篇诗文如《南轩梦语》《记先夫人不残鸟雀》《天石砚铭》等都回忆到儿时在此生活的情境。三苏祠现占地106

亩，保存有16处古建筑及苏宅古井、苏宅丹荔、黄荆古树等遗迹，收藏有宋拓本《醉翁亭记》《丰乐亭记》等数千件文物文献，陈列有三苏家训家风、生平成就和东坡书法碑刻，完整保留了三苏纪念祠堂的风貌，整体布局呈现"三分水，两分竹，祠在水中央"的特色，是西蜀园林的典范，亦是国内规模最大、保存最完好的三苏纪念祠堂，现为全国重点文物保护单位、国家AAAA级旅游景区。

2013年4月20日，雅安芦山发生7.0级地震，三苏祠也受损严重，祠内标志性建筑披风榭倾斜达到15度。2013年8月，三苏祠闭馆，按照"保护第一、合理利用""原材料、原工艺、原结构、原形制"等原则，开启建祠以来最大规模的修缮。2016年4月19日，闭馆近3年的三苏祠终于重新开

三苏祠苏轼像　邱江涛／摄

眉山

馆。2018年1月,联合国教科文组织授予三苏祠"文化遗产保护荣誉证书",称其"为中华文化在世界范围内的传播做出了巨大贡献"。

"有人说苏东坡开启了眉山的进士之风,这是很片面的。"中国苏轼研究学会理事、眉山市文联副主席王晋川说,"应该说眉山孕育了苏轼,苏轼成就了眉山,两者是相辅相成的。"

要研究苏东坡,还要回到他所处的那个时代。

公元1037年,苏东坡出生在眉州城。此时的大宋,既是中国古代的经济高峰,也是文化高峰。

因为有了当时全国最大的私人藏书楼——孙氏书楼,眉州城显得与众不同。

宋代魏了翁在其撰写的《孙氏书楼记》中,称孙氏书楼是天下藏书最多、历史最久的私家图书楼。正是由于孙氏书楼的存在,眉山人近水楼台,读书之风盛行。在这里,不得不谈到孙氏书楼的由来。

据眉山市三苏文化研究院研究室主任、中国苏轼研究学会副秘书长刘清泉介绍,唐朝开元时期,天下初定,政治清明,百姓安居乐业,呈现盛世之景象。自汉延续下来的士族制度渐渐被当朝所不容,为避政乱,北方的孙姓士家大族来到了眉山。唐开元年间的眉山人孙长孺特别喜欢读书、购书和筑楼藏书,影响甚大。到了光启元年(885),唐僖宗为奖励长孺,特意御笔亲书"书楼"二字以赐赠。当时孙氏书楼藏书的规模由此可见一斑。

后来书楼虽然由于战乱多次遭灾焚毁,但孙家后人却能屡屡修复，重现其辉煌，不能不说是一件十分难得的事。

据史料介绍，孙长孺的第5世孙孙降衷自幼以博学多识见闻于乡里，但不求仕进，轻于名利，以一介布衣之身，畅游名山大川，性格豪爽，为人仗义。孙降衷的家财在当时算不上殷实，却为人慷慨，诚挚有度量，好读书，每天学习都不觉得累，对于经史子集、诗词歌赋兴致颇高。

《孙氏书楼记》记载，孙降衷言辞敏锐，天生聪慧。他在游历洛阳途中，遇见了尚未发迹的宋太祖赵匡胤，由于性情相投，两人结为知己。

待宋太祖登基后，太祖本想赐孙降衷高官厚禄，不料孙降衷却说他无意仕途，如果陛下非要赐赏，不妨赐他书卷万本，藏于家乡，德惠后人。

宋太祖一听，还有不爱官爱书的人，他大为高兴，于是赐给孙降衷锦衣玉带，授予他眉州别驾的官职，赐送他田土产业。借此，孙降衷四处搜求购置万卷书回归故乡眉山。一直到孙降衷之孙孙辟时，孙辟又赴京都购买了大量书籍，孙氏书楼终于圆满，成为当时天下藏书最多、历史最久的私家图书楼。

此后，孙氏书楼虽然多次遭灾损毁，但孙氏后人总是不遗余力地搜购补缺，再兴书楼，重振山学（私学）。魏了翁《孙氏书楼记》云："孙氏之传，独能于三百年间，屡绝而复兴，则斯亦不可尚矣夫！"为之嗟叹不已。

苏轼在《眉山远景楼记》中说：

眉山

> 吾州之俗，有近古者三：其士大夫贵经术而重氏族，其民尊吏而畏法，其农夫合耦以相助。盖有三代、汉、唐之遗风，而他郡之所莫及也。

北宋时眉州文教昌盛，眉山号称"千载诗书城"，孙氏书楼起了不小的作用。

在宋代，眉山人衡量一个人的社会地位和文化品位不是看他有多少金银财宝，而是看他的藏书多少。这样的文化环境与氛围，助长了"其民以诗书为业，以故家文献为重"。

"眉山由于孙氏书楼藏书丰富，读书的人多了，写书的人也多了。有了生意，刻版商就不断地往眉山跑。"刘清泉介绍，眉山刻版印刷不仅数量多而且质量高，有一位商人为了显示他的刻印质量，就在刻版书的读书目录的末尾刻上两行大字"眉山程舍人宅刊行，已申上司不许覆板"。据考证，这是中国最早在书中印有保护版权的牌记。

宋版书中，有三种纸张材料全国闻名：麻纸、竹纸、皮纸。而麻纸正盛产于四川。

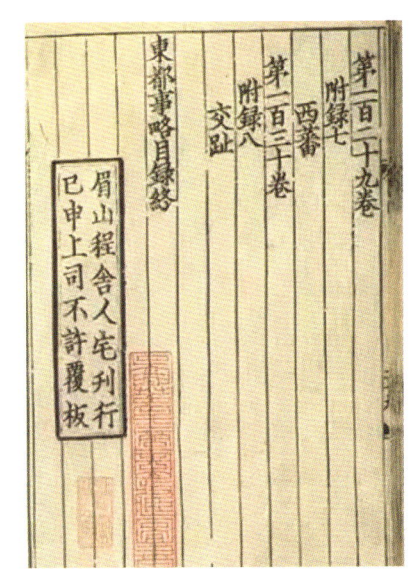

南宋眉山人王称所著《东都事略》，现存最早的有关版权的记载

"有孙氏书楼,离原材料近,再加上眉山有岷江航运,这里很快就成为全国三大雕版印刷中心之一。"王晋川说,"在古代,书籍是知识的重要来源渠道。一时间,眉山城读书风气大盛。"

南宋诗人陆游曾到眉山,感慨这里千家万户夜读的盛景,写下了"孕奇蓄秀当此地,郁然千载诗书城"。

从"天下正人"田锡开始,两宋年间,眉山出了886名进士,史称"八百进士"。宋仁宗因此感叹:"天下好学之士皆出眉州。"

根据刘清泉、王晋川等苏学专家最新的研究统计,两宋年间,有名有姓的眉州籍进士还不止886名,应该有909人。"在苏东坡之前,苏家就有苏涣考取了进士。这种读书的风气、报效国家的梦想、士大夫的风骨,是从小就刻在苏东坡骨子里的。"

地利:富庶之地,穿城三里三,处处有学堂

从苏东坡出生往前倒推300多年,他的先祖苏味道被贬到眉州任眉州刺史,逝世后家人扶柩北归,留下一脉在眉山。

苏味道(648—705),初唐政治家、文学家。赵州栾城(今属河北)人。9岁能诗文,少与李峤以文辞齐名,号"苏李"。乾封进士,早年为咸阳尉,因吏部侍郎裴行俭赏识,随裴行俭两征突厥,为书记。圣历初官居相位。先后三度为相达7年之久,深得武则天赏识。后因亲附张易之

眉山

兄弟，中宗时贬为眉州刺史。不久又复迁益州（今四川成都）大都督府长史，未行而卒，终年58岁。苏味道谙练台阁故事，善章奏。由于武则天时期复杂的政治环境，其常常采取明哲保身的态度，处事模棱两可，世号"苏模棱"。青年时与李峤、崔融、杜审言合称初唐文章四友。所作诗今存16首，载《全唐诗》，著有《苏味道集》，已佚。

苏味道死后葬今栾城苏邱村。其一子留四川眉山，宋代"三苏"为其后。

苏东坡就是苏味道第11世孙。"值得注意的是，一直到第10代，眉山苏家才重新有人考取了进士，这个人就是苏洵的哥哥苏涣。"王晋川说，"苏家一直没有人考取功名，一个很重要的原因，可能是天府之国富庶安定，生活起来太舒服了，苏家人不愿离开。"

峨眉山阴谓之眉山。眉山地处成都平原，岷江过处，千里沃野，物产丰富。唐代之时，成都就是全国名列前茅的经济发达地区之一，有"扬一益二"之美称。眉山毗邻成都，受成都地区的带动，经济稳定且繁荣。

更重要的是，唐朝末年及五代十国期间战乱不断，四川身居盆地之内，远离战争，老百姓日子丰足，大量的文人墨客涌入四川避难。《宋史》中就说："天下将有变，而蜀为最安处。"

从苏东坡的诗词中，也能够看出眉山城和纱縠行当时的富庶。《和子由蚕市》中写道："忆昔与子皆童卯，年年废书走市观。市人争夸斗巧智，野人喑哑遭欺谩。"说的是二月农闲时，纱縠行会举行蚕市，卖些缲丝用具，也有供人吃喝玩乐的。每到此时，苏轼也无心念书了，拉着弟弟溜出去玩。那时纱縠行是眉山最繁华的商业街，街上买卖人多，叽叽喳喳地讨价还价，露出各式各样的表情，兄弟二人看了觉得有趣。

因为社会安定富庶，眉州城内学校遍兴。据《宾退录》记载，眉州有学校13所：

> 嘉、眉多士之乡，凡一成之聚，必相与合力建夫子庙，春秋释奠，士子私讲《礼》焉，名之曰乡校。亦有养士者，谓之小学。眉州四县，凡十有三所。嘉定府五县，凡十有八所。他郡惟遂宁四所，普州二所。余未之闻。

当时的学校，官办的有州学、县学，民办的有私学、书院等。据《四川书院史》统计，宋代四川各地建有书院29所，其中眉州有5所。

苏轼在《道士张易简》和《众妙堂记》中，都曾提到小时候在天庆观（今蟆颐观）主持道长张易简的教导下学习的故事，说："吾八岁入小学，以道士张易简为师。童子几百人，师独称吾与陈太初者。""眉山道士张易简，教小学，常百人，予幼时亦与焉。"

蟆颐观，正名重瞳观，是一座道教宫观，因观内供有四目仙翁的神像而得名。始建于唐朝，现存建筑部分为明朝重建遗存，自唐、宋、明、清以来，一直为眉山胜境，蜀中名观。三苏、陆游以及明清眉州知州都曾前往游谒题咏，唐末尔朱真人、清末杨太虚皆得道于此。相传，苏洵曾到蟆颐观求子，后得苏轼、苏辙二子，皆为文坛大家。此事被后人刻入名为"劝修惠男记"的石碑，即现在当地人俗称的"苏洵求子碑"。

而在三苏祠来凤轩，苏东坡曾经的书房，从书房内挂着的一副对联"门前万竿竹，堂上四库书"，也能看到当年苏家的盛景。这是苏东坡《答任师中家汉公》中的诗句。

"当时的书还是比较贵的，这也可以印证苏家比较富有。"王晋川说，"苏家有很多田产，属于地主阶级。程夫人家族在当时更是眉山的名门，司马光甚至在程夫人的墓志铭中说'程氏富而苏氏极贫'。"

"正是因为求学方便，家里又比较富有，苏东坡从小就生活在比较好的环境中，接受了良好的教育。后来苏洵带着苏轼和苏辙上京考试，这在当时绝对是一笔不小的费用。"刘小川说。

人和：爷孙默契，这三人对苏东坡影响至深

和苏东坡一样，王晋川的祖籍并不是眉山，而是山西。"此心安处是吾乡"，他已经在眉山待了快70年。

这个年近七旬的大爷，现在最常做的事，是给各地中小学的孩子们讲苏东坡的故事。尤其在讲起苏东坡的爷爷苏序时，他兴致高涨："我太喜欢这个老头子了，我就希望晚年能活得像他一样！"

而在刘小川的新作《苏东坡三百篇》里，苏序排在了开

篇。"在我心中，有三个人对苏东坡影响最深，排第一的就是苏序。"刘小川说，"爷孙俩太像了，他们做什么事，就像商量好的一样。"

根据刘小川的统计，苏东坡一生曾3次用"伟大"来形容苏序。"写苏序的笔墨，比写程夫人和苏洵的加起来还多。"

自称平生不为人作行状墓碑的苏东坡，曾写《苏廷评行状》，记录爷爷的一生。

在文中，苏东坡写了乐善好施的爷爷在饥荒年间甚至把田产卖了救济老百姓的事。而在苏东坡的学生李廌所作《师友谈记》中，相关故事的记载更为详细。

饥荒年间，苏序将家中近4000石粮食用于救灾，甚至为了帮助灾民，还变卖了自家的田产。苏序还在房屋周边种满了芋头，在自家门前放上大锅蒸熟，过往行人有饥饿者，都可免费取用。

"苏序一生乐善好施，基本陪苏东坡走完了整个童年，对年幼的苏东坡产生了重要影响。"刘小川说，"乐观、侠义、坚强等烙进了东坡的人格。"

而排名第二的，刘小川认为是程夫人。"程夫人一生信佛，她教会了苏东坡善良和隐忍。"

苏东坡一生中，多次撰写回忆母亲的文章，如《记先夫人不残鸟雀》《记先夫人不发宿藏》等。"这些文章都反映了程夫人对苏东坡仁爱、不贪财的教育。"

在《记先夫人不残鸟雀》中，苏东坡回忆了少年时所居住的书房前，种有翠竹、松柏以及一些花草，郁郁葱葱地长满了庭院，许多鸟儿在上面筑巢。武阳君（苏轼母亲）对

三苏祠内李深林所画的苏母织布

杀生的行为很痛恨，嘱咐家里的小孩、奴婢及仆人，都不能捕捉鸟雀。几年的时间下来，鸟雀们都将巢筑在花木的低枝上，低下头便可看到鸟巢里孵的小鸟，甚至一种叫桐花凤的鸟，能在院里走来走去，一点儿也不怕人。

苏东坡借人与动物和谐共生的关系，表达了自己的治国理政主张，即"苛政猛于虎"，应当实行仁政，取信于民，勿施暴政。这足以看出从小的家风家教，对日后东坡仁政思想的深刻影响。

在位于眉山市东坡区的苏母公园里，有这样一组雕像：一个小孩蹲在地上准备挖什么，另一个小孩拿着铲子准备帮忙，一位中年妇女正在伸手劝阻他们。

雕像下刻有四个字：不发宿藏。

据《记先夫人不发宿藏》记载,在位于纱縠行的三苏祠内,曾发生过一件奇事:一天,两个丫鬟烫绸缎,一个丫鬟突然大声惊叫起来,她的双脚陷进了地下的泥土里。原来,泥土下面有个瓮。众人很兴奋,猜测瓮里可能装有金银珠宝,想打开看看。程夫人却做了一个出人意料的决定:命人用土将陷下的坑填好,告诉大家那东西是前人埋下的,不属于苏家,谁也不准去挖取。

后来苏轼到陕西凤翔任职,住所在一棵古柳下。下雪时,有块一尺见方的地方却不积雪,天晴后,那块地上鼓起数寸。苏轼怀疑这是古人埋藏丹药的地方,想挖开看看。妻子崇德君(王弗)说:"如果婆婆还活着,肯定不会挖掘的。"苏轼惭愧地打消了这个念头。

三苏祠外墙上小画:程夫人贸纱

眉山

程夫人对金钱的认识，也对后来的苏东坡产生了深远的影响。他在《前赤壁赋》中写道："天地之间，物各有主，苟非吾之所有，虽一毫而莫取。"

刘小川说，从某种意义上说，程夫人是一个非常伟大的中国女性，她在一种非常艰难的环境中养育了苏东坡，她对小苏轼的影响，造就了后来的苏东坡。

史料记载，苏东坡的姐姐苏八娘，16岁时嫁给了舅舅的儿子程之才，但婚后两年就被虐待致死。苏洵召集宗族上百人，在祠堂宣布与程家绝交，当时夹在中间的程夫人是为难的。

"苏洵一生到处游历，后来又带着苏轼、苏辙上京考功名，家里的开支是很大的。"刘小川说，"但嫁入苏家29年，程夫人没有问娘家要一分钱，默默付出，最终没有听到两个儿子高中进士的消息就离世了。可以说，没有她和王弗的付出，就没有三苏的成功。"

苏辙曾在兄长的墓志铭中，写过一个程夫人教子的故事，尤为感人。

公生十年，而先君宦学四方，太夫人亲授以书。闻古今成败，辄能语其要。太夫人尝读《东汉史》至《范滂传》，慨然太息。公侍侧曰："轼若为滂，夫人亦许之否乎？"太夫人曰："汝能为滂，吾顾不能为滂母耶？"公亦奋厉有当世志。太夫人喜曰："吾有子矣。"

苏轼、苏辙小时候跟随程夫人学习，一天，程夫人教他们读《后汉书·范滂传》。范滂（137—169），字孟博，东汉汝南征羌（治今河南漯河东南）人。他所生活的东汉桓灵时期，宦官把持朝政，贪污贿赂，结党营私，草菅人命。范滂是个敦厚质朴、逊让节俭的人，为官清正，有学问，虽然位卑官小，却很有胆识和才干。范滂因同情百姓疾苦，抨击奸党豪强而被诬陷结党，朝廷下诏逮捕他。临刑前范滂向母亲告别，请母亲不要悲伤。范母对儿子说："你为正义而死，我不觉悲伤，很为你自豪！"苏轼听至此，感慨地问母亲："轼若为滂，母亲认为如何？"程夫人说："你能为滂，我怎么不能为滂母呢？"程夫人以气节勉励子女，自此，一颗正义的火种深深地埋在苏轼兄弟心中。

而第三位，则是苏东坡的父亲苏洵。

苏洵曾作《名二子说》，解释为两个儿子取名"轼""辙"的原因：

> 轮辐盖轸，皆有职乎车，而轼独若无所为者。虽然，去轼则吾未见其为完车也。轼乎，吾惧汝之不外饰也。天下之车，莫不由辙，而言车之功者，辙不与焉。虽然，车仆马毙，而患亦不及辙，是辙者，善处乎祸福之间也。辙乎，吾知免矣。

苏轼的"轼"字，是古代车厢前面用作扶手的横木。好像没什么作用，但去掉它整个车就不完整了。这是担心大儿子锋芒毕露，不懂得掩饰自己，让他要懂得收敛。

苏辙的"辙"字，是车驶过留下的车辖辘印。车子有一

眉山

天会坏掉，留下的车辙印却可以免于祸福。

苏洵为两个儿子起的字也很有说法。苏轼字子瞻，是希望他做事能瞻前顾后，三思而后行。苏辙字子由，是希望他尽管放开手，大胆做事情。

"虽然《三字经》里写'苏老泉，二十七。始发愤，读书籍'，但那不是真正的苏洵。"王晋川说，"苏洵曾和两个儿子一起，写过一篇命题作文《六国论》。三人之中，苏洵的《六国论》写得最好，流传也最广，可以看出苏洵绝不是不学无术、只会游山玩水之人。"

绍圣四年（1097）农历七月十三，已经62岁的苏东坡在海南儋州做了一个梦，写下了《夜梦》。"'父师检责惊走书''起坐有如挂钩鱼'，从这些内容来看，苏洵真是教子有方，让苏东坡老了都还念念不忘。"王晋川说。

中国苏轼研究学会名誉会长、四川大学教授曾枣庄介绍，苏轼在童年时代，是以母亲程夫人为师，而在10岁以后，则是以父为师。苏洵经常教育他，作文章"皆有为而作""如药石必可以伐病"，要解决实际问题。苏轼一生牢记"先君之遗训"做人为文，在《南行前集叙》中回忆说：

> 自少闻先君之论文，以为古之圣人有所不能自已而作者。故轼与弟辙为文至多，而未尝敢有作文之意。

而在两个儿子成年后，苏洵以一介布衣的身份，敲开了北宋名臣张方平的大门，将两个儿子推荐给了欧阳修。"可以说，苏洵为两个儿子踏上政治舞台，铺平了台阶。"

宋仁宗嘉祐元年（1056）五月，繁华的开封城迎来两位天才少年——21岁的苏轼和他19岁的弟弟苏辙。八月秋闱，兄弟二人双双中举。

第二年正月，兄弟二人继续参加礼部试。主考官有翰林学士欧阳修、龙图阁学士梅挚、集贤殿修撰范镇等，三人均是当时的硕学泰斗。

考试中，苏轼的《刑赏忠厚之至论》受到欧阳修的激赏，却因为被欧阳修误以为是自己的弟子曾巩所作，为了避嫌，被点为第二名。也是在这一年，苏轼、苏辙双双高中进士。

苏洵高兴之极，感慨道："莫道登科易，老夫如登天。莫道登科难，小儿如拾芥。"

嘉祐四年（1059），在为程夫人服丧期满后，三苏父子沿水路出发，重返汴京，开启自己人生的新阶段。苏轼写下一首《初发嘉州》，向他的人生新舞台大步走去，其中有句：

朝发鼓阗阗，西风猎画旃。
故乡飘已远，往意浩无边。

读书的地方，留下了苏轼和发妻王弗初恋的故事

离三苏祠30公里的青神县，便是苏轼早年读书、恋爱的地方。他的第一任妻子王弗，便出生在青神。

眉山

史料记载，王弗幼承庭训，颇通诗书，16岁时嫁给苏轼。她聪慧谦谨，知书达理，刚嫁给苏轼时，未曾说自己读过书。王弗对苏轼关怀备至，婚后，每当苏轼读书时，她便陪伴在侧，终日不去；苏轼偶有遗忘，她便从旁提醒，堪称苏轼的得力助手。苏轼问她其他书，她都说略微知道，有"幕后听言"的故事。夫妻二人情深意笃，恩爱有加。

"苏轼初仕凤翔时，王弗以苏洵的话告诫苏轼'子去亲远，不可以不慎'，劝苏轼不要同那些一心营私、完全顺着他的意思说话的人交往。对于那些急于同苏轼亲近的人，她常说恐不能久，因为急于与人结交的人往往抛弃朋友也很快。"曾枣庄说，苏轼的成长，也离不开这位优秀女性的陪伴。

中岩寺里的"唤鱼联姻"佳话

中岩寺位于青神县东南9公里的瑞峰镇中岩村，傍岷江东岸，分上、中、下三寺，享有"川南第一山"的美誉。

中岩寺始创于东晋，彰显于唐、宋的古中岩，早期为著名佛教圣地，传说是十六罗汉之第五罗汉诺距罗尊者的道场，其佛法宏大，古与峨眉山齐名。苏东坡少时在此读书，并与老师之女王弗成就"唤鱼联姻"的千古佳话。2013年，中岩寺被评为全国重点文物保护单位。

"中岩寺原名景德禅院，相传是十六罗汉之第五罗汉诺距罗尊者的道场，佛事很频繁，是佛教圣地。"据青神县文物保护中心主任岳华刚介绍，中岩寺分为上寺、中寺和下寺，而中岩寺摩崖造像，便分布于这上、中、下三寺之间绵延近10里的游道旁崖壁上，包括唤鱼池、猫猫石、牛头洞、罗汉岩、卧佛窟、玉泉岩和石笋峰等10余处人文景点。据统计，中岩寺现存摩崖造像48龛（2492尊），几乎遍布全山。

步行进入山门，大约10分钟后便来到下寺景区，一眼便看到"唤鱼池"三个大字，相传为苏东坡青年时代的手迹。据史料记载，皇祐三年（1051），苏东坡负笈求学于中岩书院王方门下，三载后，因题"唤鱼池"名，王方器才，以爱女王弗妻之，时年苏东坡19岁，王弗芳龄16，留下了"唤鱼联姻"的千古佳话。

关于"唤鱼联姻"，在当地还流传着一个美丽的传说。当年，王方邀请众多学生为中岩寺的一处鱼池取名，均不中意，独苏东坡题名"唤鱼池"，风流文雅，深切情景。王方正自琢磨，恰其爱女王弗也自家中遣使女送来荐名投笺，赫然也是"唤鱼池"三字，与苏东坡似是心有灵犀，不谋而合。王方大喜，连称"妙！妙！妙！"即命苏东坡手书"唤鱼池"三个大字，刻于崖壁之上，并将爱女王弗许配其为妻，结成佳偶。

不是豌豆尖也不是红苕尖，让苏东坡想了15年的元修菜究竟是个什么菜？

东坡肉、东坡鱼、东坡肘子……说起与苏东坡有关的美

眉山

食，大家都耳熟能详。但有一味田间小菜，也与苏东坡关系颇深，更是让他在离开家乡的15年里心心念念。

这个菜便是来自东坡家乡眉山的元修菜，东坡诗云"余去乡十有五年，思而不可得"。有人说，元修菜是豌豆尖，也有人说是红苕尖，还有人说都不是。

那这个让苏东坡"爱得深沉"的家乡美味，究竟是个什么菜？

"元修菜实际上就是四川遍地种植的野菜油苕，是一种春菜，也叫巢菜、肥田草。可以拿来烧、炒、做羹、烧汤；还能做成干菜，做法多样，味道鲜美。"王晋川说。

那元修菜一名是怎么得来的呢？这就与苏东坡的好友——巢谷有关。苏东坡与巢谷是同乡也是好友，少时曾携手游于江湖。后来苏东坡被贬黄州，在这期间，他不仅思念家乡，也十分想念家乡的一种味道。于是，他嘱托准备从黄州回眉州的巢谷，给自己带一包巢菜的种子回来。"巢谷字元修，跟苏东坡的关系很好，东坡就戏谑说是元修菜，因此得名。"王晋川说。

苏东坡在其诗作《元修菜》的题注里这样写道：

> 菜之美者，有吾乡之巢。故人巢元修嗜之，余亦嗜之。元修云：使孔北海见，当复云吾家菜耶？因谓之元修菜。余去乡十有五年，思而不可得。元修适自蜀来，见余于黄。乃作是诗，使归致其子，而种之东坡之下云。

拿到菜种后，苏东坡将其种在黄州开垦的荒地上。因感念巢元修的情谊，每当黄州当地人问到这是什么菜时，苏东坡都会介绍说这是"元修菜"。

那么这个元修菜究竟是什么样的？苏东坡写下的《元修菜》一诗，便整理了元修菜几乎所有的信息。

彼美君家菜，铺田绿茸茸。
豆荚圆且小，槐芽细而丰。
种之秋雨余，擢秀繁霜中。
欲花而未萼，一一如青虫。
是时青裙女，采撷何匆匆。
烝之复湘之，香色蔚其饛。
点酒下盐豉，缕橙芼姜葱。
那知鸡与豚，但恐放箸空。
……

诗里对元修菜的生产、性状、种植、采撷、烹调等做了详尽的描述：烹煮后不变色，依然翠绿；吃起来甚至也不会想去吃鸡肉和猪肉了。可谓对元修菜极尽赞美。

"现在眉山乡间都到处可见元修菜，老百姓把油苕的嫩芽摘了，与肉丸子一起煮成汤，就是一道家常美味。"王晋川说，"苏坟山进门左边甬道，就长有这种菜。"

"这个菜的吃法，就是少量油炙锅后加入米汤煮熟，然后蘸酱食用。"王晋川说，"不过吃元修菜有一点要注意，就是不能喝酒，不然可能会引起喉头水肿。"

眉山

其实，苏东坡在黄州担任团练副使时，生活十分落魄。他描述自己当时的生活是"何殊病少年，病起须已白"，"空庖煮寒菜，破灶烧湿苇"。

在异乡经年的流离中，巢谷为他带来家乡的味道，孕化出无限的满足。这种满足，不仅仅是口腹之欲的满足，更是对苏东坡那颗思乡之心最大的慰藉。

眉山城区三苏坟，短松冈孕育了千古第一悼亡词

苏洵家族墓地，位于眉山市东坡区富牛镇永光村，当地人将墓地所在的这片山称为苏坟山。

出眉山城，沿岷江二桥向东再向北，行驶大约10分钟，便走进一片寂静的密林。这里松涛阵阵，蝉声呜呜。顺着一条蜿蜒的小径往下，便见一个写有"景行行止"的牌坊。牌坊左右两侧，分别是不同字体的两对楹联：百代文章惊广宇，四时香火慰老泉；诗如山文如水古今谁人匹，气似虹节似玉中外谁个同。穿过牌坊，几座硕大的坟墓映入眼帘，这便是苏洵家族墓地。人们把墓地所在的这片山称为苏坟山。

苏坟山除了有苏洵及其夫人程氏、苏轼发妻王弗的墓地外，还有苏轼、苏辙的衣冠冢。

眉山地方志记载，北宋嘉祐二年（1057）三月，正当苏轼、苏辙兄弟俩同榜考中进士，不久便传来噩耗，其母程夫人于四月七日在眉山去世。他俩立刻随父亲苏洵赶回眉山。

苏洵与风水先生一起为程夫人寻找墓地。他们来到当时

的彭山县安镇乡可龙里（今东坡区富牛镇永光村）的柳沟山上，只见这座山"甚高大壮伟"，山的末端分成两股，南边一股西去数百米后折向北面，北边一股向西边伸展，两股恰似巨臂环抱于胸，而环围的"胸"是一块开阔的山间平台。在这个平台下方，有泉水涌出，形成一眼天然大井，当地百姓叫它"老翁井"。传说每当明月当空，就有一白发老人仰卧井旁，若见有人靠近，便隐于井中，"老翁井"由是得名。苏洵说这柳沟山凝聚着"精气势力"，风水先生也说这里是"神之居"，于是便选中了这块"风水宝地"。嘉祐二年十一月二十二日，苏洵将程夫人安葬于此，墓室距老翁井几十米远，是双椁墓，苏洵的意思是待他过世后与妻同墓。

治平二年（1065）五月二十八日，苏轼发妻王弗在京去世。次年四月二十五日，苏洵在京去世。治平四年（1067）四月，苏轼、苏辙扶柩回到眉山，于当年六月，将王弗安葬在距程夫人墓西北4米的地方；是年十月二十七日，按苏洵生前遗愿，将其与程夫人合葬。兄弟俩把这块墓垣叫作"东茔"，并在墓地周围种松树数万株。苏东坡有诗："老翁山下玉渊回，手植青松三万栽。"

苏轼、苏辙服丧期满，于熙宁元年（1068）的冬天离眉赴京。这一走，兄弟俩再也没有回过家乡，苏东坡也未能再见王弗墓。走时，他们委托堂兄弟苏子安和乡亲杨济甫照看东茔，日久，当地人就把这个"东茔"通俗地称作"苏坟山"了。

在王弗离世后的第十年，苏东坡写下了《江城子·乙卯正月二十日夜记梦》，寄托对亡妻绵绵不尽的哀思，被后世誉为"千古第一悼亡词"。其中有句"料得年年肠断处,明月夜,短松冈",短松冈即是苏轼葬妻之处。

1986年,苏洵夫妇墓和苏轼夫人王弗的墓重修完成,并增修了苏轼、苏辙的衣冠墓,形成苏洵家族墓地。

每个人心中，都有一座自己的远景楼

在苏东坡的故乡眉山，除了三苏祠，还有一个地标——远景楼。它位于城区湖滨路上，根据宋时建筑仿建。夜幕来临，华灯初上，是它最美的时候。

远景楼始建于北宋元丰元年（1078），至元丰七年（1084）竣工。应时任眉州知州黎希声相约，苏东坡为家乡

眉山暮色中的远景楼　雷同／摄

眉山

这座名楼作《眉州远景楼记》。

苏东坡在文章里写了家乡的优良风俗,表达了日后能归老故乡,登上远景楼喝酒、听乐、作赋的美好愿望。

2022年1月21日,苏东坡诞辰985周年之际,"吾家东坡——苏轼题材文物特展·《苏轼书法全集》(四十五册本)图录特展"在三苏祠式苏轩开展。

在看到一幅清珂罗版《眉州远景楼记》时,我停下了脚步。虽然不懂书法,我却发现东坡先生犯了一个小小的"错误"。

文章末尾写道:"若夫登临览观之乐,山川风物之美,轼将归老于故丘,布衣幅巾,从郡君于其上,酒酣乐作,援笔而赋之……"

[北宋]苏轼 《眉州远景楼记》

写完"山川风物之美"后,苏东坡却意外空了一大格,这对进士出身、书写极为严谨的他来说,着实有点奇怪,何况这还是写给家乡人的。

我好奇地查了一下,文章写于公元1084年,正好是"乌台诗案"后,苏东坡被贬黄州之时,也是他人生至难的时候。这一年还发生了一件事:他的幼子夭折了。

在这样的人生时刻写下《眉州远景楼记》，他心里一定是百感交集的吧。他经历了人间至苦，想回到温暖的家乡眉山，但是又觉得希望渺茫。我猜想他当时的书写情绪是这样的：他想写"轼将归老于故丘"，可又觉得不妥。于是他空了一大格，写了"将归老于故丘"，但又不死心，还是把"轼"写上去了。可他把"轼"写得又小又歪，好像一个做错事躲在角落里不敢出来的小朋友。

我一下觉得这个文化巨人，真是又可怜又可爱又可亲。在面对想家这样的情绪时，他和每一个普通人一样直白赤诚。

我想，这或许也是这么多人爱他的理由。这个才华横溢、惊为天人的文化巨匠，依然保留着人类最朴素的情感、最底层的悲悯、最真情的流露。

比起他精妙的书法、绝伦的文章，他的人格魅力更加动人。

我们爱他，是因为他身上有我们普通人的影子；我们爱他，是因为他身上有我们普通人的追求。

我们寻他，是要更好地表达这份崇敬和感激；我们寻他，也是为了寻找更好的自己。

毕竟，每个人心中，都有一座属于自己的远景楼。

公元1069年，苏轼守孝3年后还朝，至此再未回到故乡。

眉山苏轼出发，世界将有东坡。

河南开封

金榜题名之地

- 江苏徐州
- 河南平顶山
- 江苏常州
- 湖北黄冈
- 浙江杭州
- 四川眉山
- 广东惠州
- 海南儋州

梦开始的地方：眉州少年在汴京

900多年前的一个春天，位于皇城正南门和内城之间，离朱雀门只有400米的州桥，人声鼎沸。州桥始建于唐建中年间，始名为汴州桥，宋代改称天汉桥，因正对大内御街，又名御桥。作为三条御街的交会处，州桥是王公大臣经御街往宫里上朝之地，也是历届科举放榜之地。宋仁宗嘉祐二年（1057）三月，来自四川眉州的22岁少年苏轼，很可能在这里获悉他金榜题名的好消息：由宋仁宗亲自主持的殿试，他和弟弟苏辙双双进士及第。

苏轼一生活了66岁，荣辱皆尝，仕途曲折，辗转多地，度过了驿站式的一生。而东京汴梁对于苏轼来说，则是生命中最为关键的一站。在这里，他还没有给自己取号东坡，以一个"轼"字单名，在京师等来了机会和伯乐，金榜题名，名震京师。也是在这里，他身陷囹圄，面临死刑的危险，经历人生第一个巨大落差，度过了生命的至暗时刻。

可以说，汴京岁月给苏轼的一生奠定了基调。如果说人生如梦，汴京就是苏轼之"梦开始的地方"。

开封

21岁从蜀地晓行夜宿千里奔赴，才华终被看见

四川眉州，自古文脉昌盛，孕奇蓄秀。公元1037年，苏轼生于诗书之家。他与小自己2岁的弟弟苏辙，在父母的精心栽培下，读书学礼，身量和心智随着年龄增长。二人齐头并进，互为良伴。

按照中国传统，"学成文武艺，货与帝王家""学而优则仕"，读书人将自己的聪明才智，通过从政为官的方式，实现"达则兼济天下"的抱负，完成社会事功使命，实现人生价值。眉山苏家也不例外。苏轼的伯父、苏洵的二哥苏涣，在苏轼出生前13年（1024）登进士第，除为宝鸡主簿，后任开宝监、凤州司法等，是家族的骄傲。

身为一名卓越的读书人，又有长辈榜样在前，在苏轼心里，不会少了梦想。那是关于远方，关于人生志向的梦想。宋仁宗嘉祐元年（1056）三月，21岁的苏轼与19岁的弟弟苏辙，在父亲苏洵的带领下，踏上北上赶考之路。岷江之畔，峨眉山下，少年苏轼与父亲、弟弟一起，朝着京城——离蜀地几千里的汴梁（今河南开封）进发。

他们先从眉州到成都、阆州（今四川阆中），溯嘉陵江至川北，自金牛道入褒斜谷，再经扶风和长安，出关中，过渑池，一路穿山越岭，终到京师。蜀道难，难于上青天。北宋时期，出川大不易。从眉山到汴京，道路遥远崎岖。在途经秦岭北麓一个叫横渠的镇上时，三人曾在一家名为崇寿院的古庙停留。苏轼在该寺院墙壁上留下一首诗，从诗中可以看到他们晓行夜宿的辛苦："马上续残梦，不知朝日升。"

彼时的苏轼，正值青春。怀揣梦想，与志同道合的父亲、弟弟一起，一路同行，亦亲亦友，纵然风餐露宿，一路辛苦，但苏轼的内心一定是快乐而充实的。因为人生充满希望，未来充满希望。

费时两个多月，三苏父子于五月抵达心心念念的汴京。暮春时节的汴京，花团锦簇。比苏轼进京晚的孟元老曾在汴京生活多年，靖康之乱后逃往南方。晚年，他靠着记忆回望旧时帝都，写下《东京梦华录》。在他的笔下，我们得以欣赏暮春时节的汴京：

> 牡丹、芍药、棣棠、木香种种上市，卖花者以马头竹篮铺排，歌叫之声，清奇可听。晴帘静院，晓幕高楼，宿酒未醒，好梦初觉。

从眉山进京的少年苏轼，初睹京城胜景，内心应该是欣悦的。更令他高兴的还在后面，几个月后，他的才华被京城看见。嘉祐元年（1056）八月，苏轼与弟弟苏辙通过"寄应取解"的方式，先参加了在开封举办的解试，皆中。之后是礼部举行的省试，嘉祐二年（1057）正月，大文豪欧阳修任主考官。

苏轼此次考试所作文章题为《刑赏忠厚之至论》，判卷的诗人梅尧臣第一个惊喜地发现了它，连忙推荐给欧阳修。欧阳修读了也大为惊异，"以为异人"，打算把此文作者录为第一名。但欧阳修又怀疑作者可能是其门下曾巩，为了避嫌，于是放在第二。后来才发现不是曾巩，而是眉州苏轼。

开封

当年苏轼曾在龙亭的崇政殿参加人生中最重要的一场考试。此为现代龙亭 刘长征/摄

三月，宋仁宗亲自主持的殿试在崇政殿举行。苏轼与弟弟都位列进士榜，其中苏轼位列第六，弟弟苏辙位列稍微靠后。欧阳修是苏轼的主考官，两人便有了师生之谊。按惯例，苏轼给欧阳修写了一封信，这就是《谢欧阳内翰书》。这封信与一般的泛泛感谢不同，苏轼明确表示，他要追随欧阳修，力整当时浮华萎靡的文风。欧阳修读了信，激动地向梅尧臣写信表示："读轼书，不觉汗出，快哉快哉！老夫当避路，放他出一头地也。"

嘉祐六年（1061），苏轼回眉山为母亲丁忧三年后重新北上。该年八月，在朝廷为选拔非常之才而不定期举行的制科考试中，苏轼成绩卓异，位列实际上是最高等的"三等"。消息传来，名动京师。制科是宋朝人事考试中的大科，极受优待，但不经常举行，两宋300多年间，一共只举行了22次。

制科是一种特殊的官员选拔考试，由皇帝亲自主持，这点跟殿试一样。参加制科考试的一般都是进士，一旦通过这项考试，就能走上官场快车道，甚至有机会做宰相。《宋史·苏轼列传》记载，宋仁宗在读过苏轼与苏辙兄弟的试卷后，大为赞赏，欣喜不已，回到后宫对曹皇后说："朕今日为子孙得两宰相矣！"这一年，苏轼26岁。

　　900多年后，长居开封的作家李开周站在龙亭杨家湖边，指着不远处对封面新闻记者说："由于开封在历史上因黄河泛滥被淹多次，泥沙越积越厚，整个宋朝都城就被埋在泥沙下面了。这个位置往下平均挖十几米的埋藏深度，就是宋朝的都城。公元1057年3月，苏轼和他的弟弟苏辙参加殿试的地方，就是皇宫大内的广场上。我们现在只能通过想象，来还原当时是怎样的一种景象。全国各地的举人，沿着朱雀门大街，从正门进皇宫，然后叩见皇帝。皇帝出题后，每人拿上毛笔，在一张很长的白纸上，开始伏案写策论。考完之后，过了一个星期开始放榜。我们可以想象到当时苏轼的心情，应该是自信和忐忑都有吧，毕竟这次考试对他一生的命运非常关键。"

开封

据李开周考证,苏轼在开封参加的四次考试,依次为:

公元1056年8月的开封府解试,第二名;

公元1057年正月的省试,第二名;

公元1057年3月的殿试,第六名;

公元1061年8月的制科,获第三等,也是实际上的最高等。

苏轼和苏辙在开封参加了第一场科举考试,都通过解试,成了举人,其中苏轼考了第二名。苏轼参加的第二场非常重要的考试,叫省试,省试由中书省的高官或者当时的宰相、礼部尚书等大臣主持。公元1057年正月,刚过完农历春节,苏轼和弟弟就参加了欧阳修主持的省试,苏轼又是第二名,成为准进士。

省试过后是殿试,但是关于苏轼的殿试名次并没有明确的记载。苏辙只是简简单单地说苏轼殿试中乙科,《东坡纪年录》说苏轼中丙科升一甲,还有欧阳修记载的"苏轼居第六",而不是传说当中的第二名。

李开周说:"很多人都说苏轼差一点儿考中状元,其实他绝对不是状元。"

状元是进士榜的第一名,而苏轼是第六名。李开周认为

石刻海马瑞兽图 开封市考古研究院供图

很多学者有一种误解:"这种误解源于将宋朝的科举制度给搞混了,他们认为苏轼参加了公元1057年正月的那场省试,就决定了进士的名次,其实不是。宋朝所有进士的名次都是由皇帝来决定的,大臣没有资格来给进士排名。"

虽然苏轼不是殿试第一名,但是他的名气最大,因此,不考第一名未必就代表着不能成才、成名、成家。

那第一名是谁呢?第一名叫章衡。

章衡(1025—1099),字子平,汉族,建州浦城(今福建浦城)人。嘉祐二年(1057)状元及第,历润州长史,通判湖州,直集贤院,改盐铁判官,同修起居注。元符二年(1099)去世。著有《编年通载》。

据《东坡自录》云:当时宋仁宗见章衡之卷,破题云"运启元圣,天临兆民",谦称:"此祖宗之事,朕何足以当之?"遂擢其为第一。

宋仁宗嘉祐二年(1057)的科举考试在历史上堪称"神仙打架",不仅有苏轼、苏辙、曾巩、曾布这几位名垂青史的文学大家,还有程颢、张载两位思想家。

当年的科举状元章衡却鲜为人知,他后来为官为政为民,也是位不可多得的好官。

人类群星闪耀时,苏轼的优秀背后有一个朝代的风雅

天才不常有,但大师总是成群地来。苏轼是北宋星空中最璀璨的一颗,却并非孤星。星星之间可能没有直接的交

开封

集,但它们各自闪烁,构成了一片壮阔星海。苏轼是罕见的天才,但天才也离不开土壤。

苏轼是幸运的,他遇到了一个相对而言,适合梦想开花的时代。

宋朝广开科举之门,选拔出全国的顶尖人才、文章圣手,掀起了士大夫们治理天下的风尚。苏轼出生成长、进京赶考的时间,正处于宋朝第四位皇帝、一向有"仁君"之誉的宋仁宗当政时期。在宋仁宗执政期间,天下太平,能人辈出:文学界,"唐宋八大家"中有六位(欧阳修、"三苏"、王安石、曾巩)登上历史舞台;哲学界,周敦颐、邵雍、张载、程颢、程颐等思想深邃,大放异彩;政治界豪杰则有主持"庆历新政"的范仲淹、富弼、韩琦等人,都是人中龙凤;艺术界,出现了苏轼、苏辙、黄鲁直、李公麟、米芾等千年难遇的翰苑奇才;科学界,虽然沈括是告发苏轼的政敌,但不得不说,沈括和苏颂是宋代最聪明的两位科学家。

此外,还有很多民间口口相传的历史名臣,如包拯、庞籍、狄青、晏殊等,举不胜举。仁宗朝人才之盛,历史上罕见其他时代可以比肩。作家柏杨曾说过,北宋是士大夫的乐园。河南大学历史文化学院博士生导师、宋代研究所所长、中国古代史研究中心主任程民生教授这样深入分析北宋的时代特征,尤其是其中浓郁的人文空气:"宋朝脱胎于军阀割据的五代时期。为避免悲剧重演,宋代开国之初,宋太祖就确立了文人治国的政治方略。宋仁宗赵祯13岁登基,是北宋的第四任皇帝。在位期间,他忠实执行宋太祖重文轻武、偃武修文、文治靖国的'祖宗之法',还进一步改革台

谏、科举等制度。北宋时期有一种开放包容的精神，给文人士大夫创造了充分的才能发挥空间，从而滋生出群星灿烂的时代。"

那一场琴棋书画的雅集

近年来，经过电视剧、小说等大众传媒的助推和传播，宋代风雅成为深受当代人喜欢甚至追捧的对象，以至于形成了"宋粉"这个群体。这是有充分原因的。在政治生活不紧张的时刻，包括苏轼在内的北宋士大夫，过着相当风雅的精神文化生活。宋代文人吴自牧在《梦粱录》中写道："烧香点茶，挂画插花，四般闲事，不宜累家。"宋代发达的经济条件和足

开封

［北宋］张择端　《清明上河图》（局部）

够的物质保障，让文人们有条件抚琴、调香、赏花、观画、弈棋、烹茶、听风、饮酒、采菊、绘画等。可以说，宋人将平淡的日常生活提升到了相当高的艺术之境。

谈到此，就不能不提起在艺术史上相当有名的"西园雅集"。以苏轼为代表的北宋元祐文人集团的"西园雅集"，后世文人认为其可与晋代王羲之的"兰亭雅集"媲美，被誉为中国历史上三大"文人雅集"之一。元祐二年（1087），驸马都尉王诜邀苏轼、苏辙、黄庭坚、米芾、蔡肇、李之仪、李公麟、晁补之、张耒、秦观、刘泾、陈景元、王钦臣、郑嘉会、圆通大师（日本渡宋僧大江定基）16人同游府邸西园。虽然组局的是王诜，但苏轼是这场盛会中当之无愧的"C位"，这场雅集，可谓"苏轼和他的豪华朋友圈"。

王诜（约1048—1104），字晋卿，祖籍山西太原，北宋

"开国公"王全斌之后,出身高贵,有才华,擅山水画,也擅词。神宗熙宁二年(1069)娶英宗之女为妻,拜驸马都尉。王诜与苏轼相识很早。嘉祐六年(1061),在凤翔府任上,苏轼任签判,王彭(字大年)为监军,二人为同事,交往较密。由此,苏轼认识了王彭的侄儿王诜。

王诜画像

苏轼仕途跌宕,王诜多次相助,亦受牵连。

> 晋卿为仆所累,仆既谪齐安,晋卿亦贬武当。饥寒穷困,本书生常分,仆处之不戚戚。固宜。独怪晋卿以贵公子罹此忧患而不失其正,诗词益工,超然有世外之乐。此孔子所谓可与久处约,长处乐者耶。元祐元年九月八日苏轼书。

——《题王诜诗帖》

《题王诜诗帖》是苏轼为王诜自书诗所作的题跋,记述了王诜因受其累而贬至武当(治所在今湖北丹江口),贵公子出身的王诜在饥寒穷困中仍然醉心于诗词,有世外之乐。还有苏轼另一跋《和王晋卿(并引)》的记载:

晋卿为僇所累,僇既谪宜春,
晋卿亦贬武当,饥寒穷困,本书
生常分,僇至之不戚,固宜独怪
晋卿以贵公子罹此忧患而不失其
正,诗词益工,超然有世外之乐,此孔
子所谓可与久处约长处乐者耶

元祐元年九月八日苏轼书

[北宋]苏轼 《题王诜诗帖》

元丰二年，予得罪贬黄州，而驸马都尉王诜亦坐累远谪，不相闻者七年。予既召用，而诜亦还朝，相见殿门外，感叹之余，作诗相属。词虽不甚工，然托物悲慨，厄穷而不怨，泰而不骄。怜其贵公子有志如此，故和其韵。

王诜的宅邸坐落于安远门外永宁坊，属于浚仪县（治所在今河南开封）外城城北左军厢，为神宗所赐，有园林之胜。王诜在私第之东筑有一堂，名曰"宝绘"，专藏古今法书名画。熙宁十年（1077），王诜收藏书画的宝绘堂建成，苏轼为其所作的《宝绘堂记》云：

驸马都尉王君晋卿虽在戚里，而其被服礼义，学问诗书，常与寒士角。平居攘去膏粱，屏远声色，而从事于书画，作宝绘堂于私第之东，以蓄其所有，而求文以为记。

李之仪有诗，题曰"晚过王晋卿第，移坐池上，松杪凌霄烂开"，又有"华屋高明占城北""万盖摇香俯澄碧""阴森老树藤千尺""刻桷雕楹初未识""乱点金钿翠被张"之句，富贵风雅自成一派。

西园雅集，是历经贬谪久别重逢的欣喜，是繁华过眼回归本真的纯粹。米芾写《西园雅集图记》以记其盛，有云：

水石潺湲，风竹相吞，炉烟方袅，草木自馨。人间清旷之乐，不过如此。嗟呼！汹涌于名利之域而不知退者，岂易得此哉？

人间清旷之乐，醉心于名利者固然无法感受；然而贬谪在外，江上之清风与山间之明月，虽然取之无禁、用之不竭，喜欢热闹、重情重义的苏轼却不能与胞弟和众友相见，只能徒呼"但愿人长久"。

在京城，他得以与一帮志同道合的朋友们来往，同声相应，同气相求。西园雅集的日子在苏轼的记忆里，一定是生命中非常美好的经历。

两年之后，苏轼又陷入党争，自求外放。

［元］赵孟頫 《西园雅集图》

《西园雅集图》在后世的绘画史上成为一个热门IP。有人认为："大概是因为它其实就是一场众人求而不得的梦。在西园中的那场梦，是思想上的超然淡泊与现实中身不由己的矛盾体，使得那场西园雅集成了许多人心中的桃花源。"国画圣手李公麟据此场景作图，记载下了当时的盛况。南宋马远、明代仇英等皆有摹本，清代石涛、华岩等亦多仿之。此次聚会因此成为令后世文人墨客钦羡追慕不已的佳话。虽然近年也有人考证画中的此次聚会并不实际存在，但我们更愿意相信这场盛会存在过，至少当时他们经常聚在一起确实是真的。

苏轼所奋斗过、流泪过的11世纪大宋都城

开封是一座历尽沧桑的古城。20世纪80年代，人们在开封龙亭一带清淤时吃惊地发现：地下3米到12米处，竟然重叠了6座古城——3座国都，即战国魏都大梁；北宋首都

开封州桥遗址壁画　石刻海马瑞兽图

开封

汴京，又称东京；金朝首都南京，又称汴梁。2座省城，即明、清的河南省会开封。1座唐代重镇，即汴州。

让苏轼念兹在兹的大宋首都，在今天的开封地下约8米处。8米厚的黄土，覆盖了千年前的繁华，也遮蔽了千年前那些生动而鲜活的人生。不过，靠着遗址考古、文艺作品和传承不绝的记忆，我们依然可以"寻找"苏东坡，并感受他所奋斗过、流泪过的11世纪大宋都城。

2023年2月2日，也是一个早春，从苏东坡家乡四川赶来的封面新闻记者，来到位于开封闹市区中山路与自由路交叉口南约50米的"北宋东京城州桥遗址"，亲眼见证文献上传说已久的开封地下"城摞城"，体验"一河览古今，一桥望千年"的历史地理奇观，也在曾被黄河水多次洗刷过的河道堤岸上看到北宋大型浮雕石壁上骏马奔腾、仙鹤飞舞、祥云环绕。这些石壁所展现的精美石刻艺术，也让人从侧面感受到北宋汴京在物质和精神文化两方面，都达到了很高的水平。

唐代长安有东市和西市两个商业区，以供商贸之需。到了宋代，这种坊市分离（老百姓的生活区和商人的贸易区分处不同街区）的结构被打破，整个汴京成了无处不成市的商业都会。

宋代以前，商业活动只准白天进行，夜里一律禁止，称为宵禁。这种传统到了北宋也被打破。作为东京城最繁华的州桥一带，每到节庆之日，州桥南北更是摩肩接踵，灯火璀璨，直到夜半三更。"两岸夹歌楼，明月光相射"，"州桥明月"跻身汴京八景。北宋宰相王安石无数次经御街往宫里上朝，他在诗里写过州桥明月："州桥踏月想山椒，回首衷湍未觉遥。今夜重闻旧呜咽，却看山月话州桥。"到了南宋，诗人范成大出使金国，途经故都汴京，写下《州桥》念旧都："州桥南北是天街，父老年年等驾回。忍泪失声询使者，几时真有六军来？"

"这里是北宋时期汴京最核心的地带，在汴京多年的苏轼，路过州桥的时候，很可能看到过这些石壁上的精美作品。"开封市文物考古研究院研究员王三营在遗址现场接受封面新闻记者采访时说道。

比起欣赏艺术作品，享受州桥明月，苏轼更关心的应该是他的考试成绩。北宋科举放榜很有仪式感，有唱名放榜，也有文字放榜。程民生在接受封面新闻记者采访时说道："虽然名单具体贴在哪儿已难以考证，但合理推测应该是在市中心人流量最多的地方，这样更容易将信息传播出去。州桥就是这样的地方。那么，苏轼可能是在州桥知道他的科举成绩的。州桥是平桥，桥面宽阔。北宋时期皇宫前没有广场，但御街很宽，州桥是三条御街的交界处，算是一个广场。"

因考试名动京师22年后，苏轼遭受了他人生中的第一次重大挫折。元丰二年（1079），因被控以写诗讽刺朝廷，正在湖州任知州的苏轼被拘捕送至汴京，关押在御史台审理。消息震惊朝野，想必也在州桥上的人群中传播。"从这个角度来说，州桥是苏轼人生的最高点和最低点的见证地之一。"王三营说。

开封

那一场震惊朝野的"乌台诗案"

人生潮起潮落,难以预测。

开封,见证了苏轼金榜题名的意气风发,也见证了苏轼的一段非常惨痛的经历。宋神宗元丰二年(1079),苏轼因为反对王安石变法,在诗作里发牢骚被同僚给告发,告发者认为他的诗作有讥讽皇帝的嫌疑。当时苏轼在湖州做官,宋神宗派御史台的人于七月二十八日赶至湖州衙门,当场逮捕了苏轼,将其拘捕至汴京,关押在御史台审理。由于御史台又称"乌台",所以这场震惊朝野的文字狱史称"乌台诗案"。

最先把苏轼作诗"讽刺"新法举报给朝廷的是《梦溪笔谈》的作者沈括。熙宁六年(1073),沈括以检正中书刑房公事的身份到浙江巡察新法实行的情况,看到苏轼的诗

[元] 赵孟𫖯 苏轼像

稿，认为涉嫌诽谤朝政，上呈神宗，但是当时他的意见并未受到重视。

元丰二年（1079）苏轼由徐州知州调任湖州知州，于四月二十日到任，进《湖州谢上表》，其中写道："陛下……知其愚不适时，难以追陪新进；察其老不生事，或能牧养小民。"句中"其"为自称，"新进"即指神宗任用的新派人物。苏轼公开地、明白无误地表达了自己不与当朝新贵合作的态度和对新法"生事"的不满。

负责监察百官的御史台官员李定、何正臣、舒亶等人接连上章弹劾苏轼，弹劾的导火索正是上表中的这两句话。他们认为苏轼不光反对新法，还抨击朝政。神宗及新派人物都大为恼火。

当时告发苏轼的人，认为苏轼诗作有问题的主要罪证是《元丰续添苏子瞻学士钱塘集》。这是熙宁年间出版的《苏子瞻学士钱塘集》的增订版，大概在元丰元年或二年初印成。复旦大学教授、中国宋代文学学会副会长、中国苏轼学会副会长朱刚，在《阅读苏轼》（北京大学出版社，2022年10月第一版）中写道：

> 这当然不是中国历史上最早的文字狱，却是第一次以印刷出版的诗文集为罪证的文字狱。前文说过，这个罪证也是目前所知最早出版的当代诗人作品集的增订版，所以，中国诗人与出版业的第一次携手，就给这位诗人招来了一场牢狱之灾。在"诗案"过去了许多年后，苏轼的政敌和朋友刘安世回忆说："东坡何罪？独

开封

以名太高，与朝廷争胜耳。"（《元城语录》）这句简短的话击中了要害，"诗案"的本质，绝不是几个"小人"对苏轼的嫉恨和陷害，而是神宗亲自主政的朝廷对这位声名极盛的异议者的惩罚。

按照北宋的司法制度，由御史台审讯苏轼，形成供状后，须提交给大理寺、审刑院，由这两个机构的"检法官"对照现行有效的法律，检出与苏轼"罪状"相适应的法条，依据法条来实施判决。

北宋御史台是一个监察机构，同时又有审案的职能，旧址位于开封樊楼停车场再往南或者东一些，这里早已成了开封的繁华热闹之地。

2023年2月早春，李开周就在北宋御史台现址上，接受我们的采访说："现在能考证明白的是，公元1079年8月，苏轼从浙江湖州披枷戴锁被押到开封，进了御史台的监狱，就是被各种各样的问案官员轮番轰炸，问他：到底写了多少首诗讽刺皇帝？到底对新法有多么不满？在任上有没有贪污？有没有欺压老百姓？翻来覆去，就是要找出他确切的罪状。苏轼一句一句地辩解，那些官员每隔几天就来一次，把他折磨得实在够呛。"

李开周还讲述了一则有文可考的小故事："苏轼被指讽刺皇帝，就是谤君，按照宋朝的法律是有可能被判处死刑的。苏轼与外界消息不通，他的长子苏迈每天给他送牢饭，父子俩约定：如果哪天听说皇帝要杀苏轼，就送一条鱼进来，他好提前留下遗嘱，准备后事。如果皇帝不杀苏轼，就送肉来报平安。因为既要照顾父亲,又要想方设法救父亲,苏迈的盘缠很快花完了。一日,他去开封附近的陈留找亲戚借钱,同时委托朋友给父亲送饭,朋友对这对父子之间的约定毫不知情,就给苏轼送了一条腌鱼过去。可想而知,苏轼看到这条鱼时的心情……"

元丰二年(1079)腊月,因卷入"乌台诗案"入狱、险遭杀身之祸的苏轼,在朝中一众有识之臣的营救下,终于躲过一劫,得以从轻发落,被贬为黄州团练副使。从八月被抓到开封,下御史台监狱,到腊月末得到宋神宗的释放圣旨,苏轼在乌台总共被关押了130余天。

现在大家一提到苏东坡,都会说他豁达、幽默、乐天。其实当一个人知道自己性命难保时,难免会害怕和恐惧,苏轼也不例外。"乌台诗案"时,他曾写过两首绝命诗交代后事。

其一

圣主如天万物春,小臣愚暗自亡身。
百年未满先偿债,十口无归更累人。
是处青山可埋骨,他年夜雨独伤神。
与君世世为兄弟,更结来生未了因。

其二

柏台霜气夜凄凄,风动琅珰月向低。
梦绕云山心似鹿,魂惊汤火命如鸡。
眼中犀角真吾子,身后牛衣愧老妻。

开封

百岁神游定何处？桐乡应在浙江西。

——《予以事系御史台狱，狱吏稍见侵，自度不能堪，死狱中，不得一别子由，故作二诗授狱卒梁成，以遗子由》

第一首写给弟弟苏辙，情真意切，手足情深跃然纸上。

第二首写给自己的妻子和孩子，满怀不舍与愧疚，同时交代了自己的身后事，希望能将自己安葬于苏杭。

苏轼被关押入狱，朝野一片哗然，亲朋好友、"旧党"臣僚群起营救，尤其是弟弟苏辙。哥哥遭遇如此大的打击，甚至有死亡的危险，身为弟弟的苏辙心急如焚，拼尽全力营救哥哥。苏辙时任签书应天府判官，以诚挚恳切的语调上书皇帝，抒写自己与兄长相依为命的手足之情，并表明苏轼由于秉性愚直，以致言谈有失，轻议时政。他在上书中表示自己愿意被撤去所有官爵，以赎兄罪：

臣闻困急而呼天，疾痛而呼父母者，人之至情也。臣虽草芥之微，而有危迫之恳，惟天地父母哀而怜之。臣早失怙恃，惟兄轼一人，相须为命。今者窃闻其得罪逮捕赴狱，举家惊号，忧在不测……臣欲乞纳在身官，以赎兄轼，非敢望末减其罪，但得免下狱死为幸。

——《为兄轼下狱上书》

今天我们已经很难具体想象苏轼在牢狱里是如何度过的，他当时的心境，这130多天的牢狱日子在他心里留下了怎样的阴影，以及这些阴影是如何被他化解掉的。是依靠之后获得的温暖、爱或者艺术一点点化解掉的，还是有些阴影一直都没有化解，沉淀在他灵魂的最深处？但或许正是因为挺过了这种濒临绝命的险境，死里逃生，让苏轼对死亡、对生命都有了更深刻的认识，为他的艺术创作带来深沉的底色。

开封

采访手记

寻找那一份生命的热情

从成都到开封,先坐飞机到新郑机场,然后换乘高铁,大概半天就到了。遥想900多年前的北宋,三苏父子在蜀地眉州和中原汴京之间往返,不管是走陆路还是水路,途中的时间都是按月来算的,路途遥远、艰辛。当然,漫漫旅途对古人来说,不全是坏事。千里行旅,少年壮游,与大自然相遇,养心中浩然之气,像三苏父子这样优秀的读书人肯定熟谙此道。

事实上,不管是1056年初次入京,还是1059年第二次出川上京,他们在路上都忍不住要抒发漫溢出的才华和自我,一路上留下不少诗句。比如,在第二次出川时,三苏父子在朝着辽阔的华北平原进发的沿途,写了诗文100多篇,编成《南行前集》。

黄河水曾多次冲刷开封,苏轼生活过的北宋汴京,已深埋于地下。在现代开封寻找苏东坡生活过的痕迹,已是"人生到处知何似,应似飞鸿踏雪泥",难以寻觅了。好在苏轼有锦绣诗词,有不朽文章,有后世无数人对他的记忆、怀念、喜爱。而且,考古事业的进展也可以帮助我们在遗址一眼望尽千年,"穿越"时空,看到苏轼生活过的大宋京城的泥土,并通过文字记载互相印证,感受他生活过的时代气息。

北宋时期,州桥是城中心的一座标志性建筑,是三条御街的交会处。御街是东京城南北贯通的中轴线,北起皇城正南的宣德门,经过州桥,南至内城正南门朱雀门,并延伸至外城正南门南薰门,有七八里长。由于东西向的汴河截断了御街,架在汴河上的州桥将御街连接起来,成为御街的一部分。

滚滚黄河水,一层层泥沙将州桥掩埋于地下。千年后,州桥得以重见天日。2022年9月28日,国家文物局"考古中国"平台发布河南开封北宋东京城州桥遗址重大考古新成果:北宋州桥重见天日,实证开封"城摞城",首次揭示了北宋东京城内的大运河形态。

来到开封市中心的州桥遗址旁,可以感受到,这里有一种历史的寂静。河水侵蚀的痕迹,一层一层,诉说着岁月的沧桑。苏轼应该多次走过此地,热爱生活的他,应该也逛过州桥的夜市,赏过很多人诗中的"州桥明月"。州桥不在,但明月还在。同一轮明月,伴随了苏轼从汴京到徐州、湖州、黄州、杭州、惠州、儋州……明月进入他的眼里、心里、诗里。尤其是在黄州赤壁看到的那轮明月,成就了千古绝唱《赤壁赋》。

苏轼是北宋众多士大夫中的一员,是政治家,但别忘了他的核心本质是诗人。伟大的诗人,几乎难以避免经历生命的淬炼。苏轼在汴京,既有金榜题名的高光,也有被关押在

开封

御史台的至暗。"乌台诗案"的发生，让苏轼在汴京御史台度过了130多天的牢狱生涯。

"乌台诗案"之后，汴京的苏轼变成了黄州的苏东坡，之后他还到了更为遥远的岭南及海南儋州。苏轼在越来越狭小的空间里，依然还有造福一方的事功，有文学上的创造，有乐于助人之心，并有足够的旷达去珍惜生命中的细小幸福。这跟他在一次次旅行中所滋长的情怀有关，跟他在汴京收获的肯定、赞美，以及在牢狱里经受的淬炼分不开。

每一步都没有白费。走过的路，喝过的水，看过的日月，都成了他力量的一部分。

三苏父子第二次北上京师的那年春天，天气尤其寒冷。苏辙在他的诗里说，尽管春天已至，但唐州（今河南唐河）一带由于天气太冷，"田冻未生麦"。900多年后，我们在开封寻路东坡，也是早春，位于黄河岸边的开封还处于冬天模式。离开封城不远的黄河岸边的麦苗虽然已经生发，但还未呈现青青之势。在开封的黄河边，我用手摸到清凉的黄河水。黄河的脉搏温柔舒缓，已没有了当年一次一次冲刷开封城的桀骜不驯。

认识苏东坡，此前多是在书本上或别人的口述中。这一次在开封寻找苏东坡，从纸上到现实中，在早春的空气中，在州桥遗址上的黄河泥沙中，在他赏过的元宵明月里。从他走过的州桥，仰望过的明月，寻找苏东坡。我在少年时代，曾看过传统绘画的印刷品，对里面的场景非常神往。古人清谈、溪山行旅，与大自然在一起，高山流水给他们疗愈。那里面，其实就有苏东坡啊！

开封城不算大，采访途中，我们骑电动车穿梭在城中，路上遇到飘雪，经过许许多多的美食店、古城墙，我感觉到内心有一股甜美，像泉水汩汩流过。这座城里的春寒料峭和清新空气，一定也带给过苏轼美好的感受吧。多年以后，我们会回忆在开封寻找苏东坡的旅程，其中有一个愉快、充实的下午：开封城下，黄河岸边，桌对面接受我们采访的宋史专家、教授侃侃而谈，一只美丽温驯的猫贴窗而走。抬眼望去，远处就是黄河多次决堤之后遗存的古迹——铁塔和繁塔。而这场采访所在的诗云书社，朴素光明、纯粹简单，藏书品质之高、数量之多，令人再次意识到开封的文脉延续之深。两个小时后，我们骑上共享电动车，顺着古城墙，前往下一个采访地。路上，开封飘下正月的第一场雪。这场雪只持续了几分钟，却是近些年令我最难忘的一场。

这一切，因为苏东坡。

政绩最高峰 江苏徐州

河南开封

河南平顶山

江苏常州

浙江杭州

湖北黄冈

四川眉山

广东惠州

海南儋州

苏轼在徐州：一座城，成了他的名

徐州是幸运的，遇到的是壮年的苏轼。

在很多人的印象中，苏轼一生中有多个重要点位，但徐州的记忆点似乎并不强。比如眉州是苏轼生长的家乡所在；开封见证了他金榜题名的高光时刻，同时也有"乌台诗案"的淬炼岁月；在密州，他留下"老夫聊发少年狂，左牵黄，右擎苍"，忽而感慨"明月几时有，把酒问青天"；在黄州，他煮字疗伤，咏出"大江东去浪淘尽"的千古绝唱，为世人带来《赤壁赋》《寒食帖》这样的千古佳作；杭州则因为西湖"苏堤"闻名天下……

但其实深入了解一番就会发现，徐州也是"寻路东坡"不容错过的一站。在这里，身处人生盛年的苏轼，拥有过一桩桩令后人纪念千年的事功。纵观全国跟苏轼相关的点位，徐州纪念苏轼的遗迹景点最多，有几十处。其中包括放鹤亭、张山人故居、苏公桥、苏公塔、苏轼纪念馆，还有苏轼小学、苏公大道、苏轼大道等。

以现在的眼光来看苏轼，他的第一头衔是文学家，其诗词、文章已成为重要的文化遗产。但在900多年前的北宋，

徐州

像苏轼这样优秀的读书人，虽然也会把诗词、文章当成他们的精神源泉以及表达自我的重要方式，但不会把文学当成人生的功业或事业。他们读书、写诗词、做文章、参加科举，最终的目的还是希望发挥自己积累的知识和智慧，以现实事功而不是文学创作的方式，实现家国抱负。

苏轼在徐州当知州将近两年的时间，文学创作尚未进入其个人高峰期，所以脍炙人口、妇孺皆知的著名作品不多。在徐州，"乌台诗案"还没有发生；在徐州，他还没有给自己取号"东坡"；在徐州，他主要是以政绩闻名，而不是诗词。短短两年，苏轼在徐州过得很繁忙，也很充实。让我们历数他在此任期间所做的事情吧——抗洪保城、挖煤炭、抓冶铁、治旱灾、防瘟疫。苏轼在徐州的一系列功绩，历经千年，至今仍为徐州人所记颂。

在徐州，苏轼收获了他仕途上最为阳光灿烂的日子，也很可能是他人生中最有现实成就感的一段日子。苏轼爱民如子，恪尽职守，深受徐州人民爱戴，被尊称为"亲民太守苏徐州"。诗人秦观在《别子瞻》一诗中曾说："我独不愿万户侯，唯愿一识苏徐州。"

他来了，又走了。短短两年时间，一座城，成了他的名。

在这里，有苏轼的人生"三盛"

熙宁十年（1077）四月，42岁的苏轼由密州（今山东诸城）知州调任徐州知州。早年开封城里金榜题名的少年，如今已来到人生的中年，苏轼已经成长为一位有经验、有热情的一方为政者。此时的他，还没有经历人生中大的险恶，命运的阴影还没有袭来，他相信，经过自己一步步的前行，将自己的满腔家国抱负充分施展开来，一定会抵达光明的未来。他的梦想，正在开花。

从密州到徐州，苏轼的心气是往上走的。他在《徐州上皇帝书》中说："徐州为南北之襟要，而京东诸郡安危所寄也。"可见他对自己被派往"兵家必争之地"的徐州任职还是较为满意的，有被皇帝委以重任之感。

"苏轼的政治生涯，可以说是从徐州真正开始的。徐州对于苏轼的人生是特殊和重要的。苏轼在徐州的时光可以用'三盛'来概括。"徐州市人大常委、民盟徐州市委会专职副主委李六如说。

苏轼到徐州上任之时，正处于42岁的盛年，此乃"第一盛"。"第二盛"跟他在徐州的政绩有关——因为抗洪保城有功，他深受当地百姓爱戴，还受到皇帝的嘉奖，这也是他一生中唯一一次得到皇帝的御笔嘉奖。此时他处于事业生涯之盛。"第三盛"来自文坛的认可。当时欧阳修已去世5年，文坛没有霸主。苏轼在徐州修了黄楼以后，为了纪念黄楼，写了一首《九日黄楼作》。除了苏轼自己写，多位仰慕苏轼的文坛英才都来唱和，写了很多的诗和文。后人还将这一时期苏轼的诗词作品集结成册，起名为《黄楼集》，这一时期又被称为"黄楼时期"。苏轼由此奠定了他的文坛霸主地位。

徐州

这让人想起,数年前,欧阳修看到苏轼的文章之后,大为惊艳,对其做出"出一头地"的预言:"读轼书,不觉汗出,快哉快哉!老夫当避路,放他出一头地也。"这个预言,在徐州实现了。

苏轼曾做过8个地方的知州,其中以徐州和杭州的任期最长,政绩也最为卓著。"在徐州当过知州的人很多,却只有苏轼被称作苏徐州。"李六如感叹说,"金杯银杯,不如老百姓的口碑,'古彭州官何其多,千古怀念唯苏公',正所谓'政声人去后,民意闲谈中'。苏轼在徐州执政仅两年,给徐州人民留下的物质和精神财富却是无限的。"

那一年,苏轼组织了一场轰轰烈烈的抗洪保城战

"早在清代,黄河改道,就已经不走这儿过了,但徐州人现在还是称这儿为黄河,准确地说是故黄河。"我们一行来到徐州市中心,看到一条波光粼粼的河,偶遇当地一位晨练的80岁老人如此说道。在苏轼所处的北宋时期,这段故黄河是汴水河道。苏轼在《罢徐州,往南京,马上走笔寄子由五首·其三》中写道:"古汴从西来,迎我向南京。"此处的"南京",是指现在的商丘。

位于江苏、山东、河南、安徽四省交界处的徐州,是明清时期京杭运河与黄河的交汇处,同时在古代也是汴、泗二水的交汇处。在很长一段时期,这里是极为重要的交通枢纽,同时也因优越的地理位置而成为兵家必争之地。在1855

年改道流经山东之前，黄河既给徐州带来了便利的水路交通，也给徐州带来了严重的水灾洪患。

在徐州，苏轼与黄河有一段不得不说的故事。

熙宁十年（1077）七月，苏轼刚到徐州上任知州两个多月。黄淮地区连降暴雨，黄河决口于澶州（今河南濮阳一带）。之后大水沿着汴水到了徐州，大雨日夜不止，满眼是一片汪洋。水漫城壁，城墙若是一倒，则整个徐州城就会被大水淹没，情势非常危急。作为地方长官的苏轼，组织、带领徐州居民进行了一次可歌可泣的抗洪斗争。面临这种即将城破人亡的危机，对苏轼应对突发事件的才干，是一个不小的考验。他临危不惧，以身帅之，与城存亡，喊出了"吾在是，水决不能败城"的声音。

在徐州工作、生活的中国矿业大学文博中心研究室主任胡其伟讲述了这段历史："苏轼在徐州城西门修堤筑坝，把一部分的水引导排出去，另一部分的水沿着汴河汇入泗水。在他之前，一发大水，大家就只会逃跑避难。但苏轼却表现得很有担当和勇气，决心带领大家众志成城，一起想办法抗洪。比如他首先制止富民'争出避水'，安定民心。宋代为防止地方军权的集中，地方知州没有权力调动禁军。苏轼亲自去劝说并感动禁军长官，答应一起抗洪救险。"

宋朝的禁军直属朝廷枢密院指挥，地方官员无权调动。但险情紧急，如果再向朝廷奏报请调军队，路途遥远会耽误抗洪，更何况当时水围城池已无法出城。为增强抗洪力量，无奈之下，苏轼亲赴军营，晓之以理，动之以情，动员禁军主动参加抗洪。苏轼对禁军长官说："洪水已经包围了徐州城，全城百姓命悬一线，已是千钧一发之际。你们虽然是禁军，不属于我调遣，但是希望你们能助我一臂之力，共抗洪害，保民平安。"禁军长官被苏轼感动，毅然说道："太守尚且不躲避洪水，临危不惧，我辈小人，理应效命。"在此期间，苏轼与抗洪军民共进退，一直活跃在抗洪救灾的第一线。在苏轼的组织、指挥和影响下，其他官吏也不敢怠慢，这样万众一心、众志成城，终于阻止了大水灌城的惨祸。

在抗洪过程中，苏轼表现出不俗的工程智慧，一方面加固徐州城墙，阻遏洪水灌城，另一方面带着士卒抓紧时间在徐州城东南角向南山（户部山）方向筑一高堤。"堤成之明日，水自东南隅入，遇堤而止。"洪水终于在十月初五消退，徐州城的危机暂时解除了。经过45天的奋战，大水退去，徐州城转危为安。

宋神宗听闻苏轼领导徐州抗洪成功，大喜，遂下敕书，予以表彰。《奖谕敕记》中写道：

> 敕苏轼。……河之为中国患久矣，乃者堤溃东注，衍及徐方，而民人保居，城郭增固，徒得汝以安也。使者屡以言，朕甚嘉之。

苏轼以其"以身帅之，与城存亡"战胜洪水的壮举，深得徐州人民的感激和爱戴，千百年来，苏轼治水的佳话一直流传。《宋史·苏轼列传》也记录了苏轼这段抗洪保城的历史。

（苏轼）徙知徐州。河决曹村，泛于梁山泊，溢于南清河，汇于城下，涨不时泄，城将败，富民争出避水。轼曰："富民出，民皆动摇，吾谁与守？吾在是，水决不能败城。"驱使复入。轼诣武卫营，呼卒长，曰："河将害城，事急矣，虽禁军且为我尽力。"卒长曰："太守犹不避涂潦，吾侪小人，当效命。"率其徒持畚锸以出，筑东南长堤，首起戏马台，尾属于城。雨日夜不止，城不沉者三版。轼庐于其上，过家不入，使官吏分堵以守，卒全其城。复请调来岁夫，增筑故城为木岸，以虞水之再至。朝廷从之。

苏轼当年所修的堤长三百丈，拱卫徐州城，历百年而不废。后人出于纪念之意，将此堤命名为"苏堤"。如今，徐州苏堤的遗迹虽已在大地上荡然无存，但其精魂和故事，却流淌在当地人的文化脉络中。以"苏堤"命名的小区和道路，都处于徐州闹市中心，提醒着人们，苏轼曾为尽力保护这座城付出过巨大的心血。

那一年，有一场成为千秋佳话的"黄楼诗会"

为了防止大水再度威胁徐州，苏轼一方面奏请朝廷拨防洪款项，另一方面组织百姓筑堤固岸，于城东门建筑高楼。高楼位于城东门挡水要冲处，于元丰元年（1078）二月动工，八月十一日完工。因古人相信"水受制于土"，黄色五

徐州

行属土,所以给此楼涂上黄土,并取名"黄楼",包含"土实胜水"的意义。黄楼临黄河而立,充分表现了苏轼对黄河洪水的警觉。当时黄楼的建筑非常宏伟,苏轼曾对其做过这样的评价:"黄楼高十丈,下建五丈旗。楚山以为城,泗水以为池。"该年九九重阳节,苏轼大宴宾客,举行典礼,奏乐庆贺黄楼落成。他高兴地写下《九日黄楼作》诗篇以作纪念,诗中详细记录了徐州官民齐心协力与洪水搏斗的惊险历程。

九日黄楼作
[宋]苏轼

去年重阳不可说,南城夜半千沤发。
水穿城下作雷鸣,泥满城头飞雨滑。
黄花白酒无人问,日暮归来洗靴袜。
岂知还复有今年,把盏对花容一呷。
莫嫌酒薄红粉陋,终胜泥中事锹锸。
黄楼新成壁未干,清河已落霜初杀。
朝来白露如细雨,南山不见千寻刹。
楼前便作海茫茫,楼下空闻橹鸦轧。
薄寒中人老可畏,热酒浇肠气先压。
烟消日出见渔村,远水鳞鳞山齾齾。
诗人猛士杂龙虎,楚舞吴歌乱鹅鸭。
一杯相属君勿辞,此境何殊泛清霅。

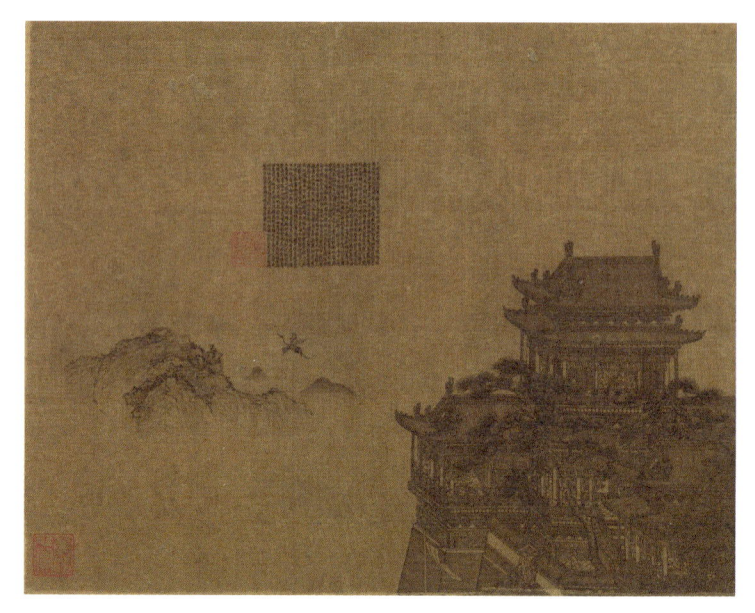

［元］夏永 《黄楼赋图》

  苏辙、秦观虽然没有赶上"黄楼会",但都分别寄来了《黄楼赋》。苏轼对这两篇赋文大加赞赏,马上写诗给秦观表示感谢,还将弟弟苏辙的《黄楼赋》亲笔书写,镌刻成碑,立在黄楼内。还有其他诗人咏诗作赋,诗文唱和,佳作迭出,史称"黄楼诗会"或"黄楼庆典",是文学史上的一桩佳话。

  其后的黄楼虽然在历史上多次损毁,但历代对其颇为看重,每每重修。无论世事如何变迁,黄楼如今依然不屈不挠地屹立在黄河古道之畔,宛如一部跨越历史长河的摄像机,记录着徐州古城的变迁和沧桑。黄楼是徐州富有历史意义的

名胜古迹,"黄楼赏月"也成为徐州古八景之一。今天的黄楼于1986年重建,1988年建成后对外开放。黄楼为重檐歇山式仿宋建筑,外两层,内三层,高18米。匾额上"黄楼"二字依然是苏轼笔迹,而东西各有楹联数副,上书"直将洪水变春水,方许涛声学掌声","治水安民,佳话永彰贤太守;吟诗作赋,文光长耀古彭城","湖山共唱黄楼赋,天地同怀苏子功","江山信美,黄楼千载雄三楚;人物风流,赤县万民忆二苏",等等。

徐州黄楼夜景　纪陈杰／摄

醉卧石床,鹤归来兮

元丰元年(1078)的秋天,黄楼竣工之后,苏轼特别邀请好友王巩(字定国)于重阳节前来徐州参加"黄楼庆典"。有诗为证:

每得君诗如得书，宣心写妙书不如。
眼前百种无不有，知君一以诗驱除。
传闻都下十日雨，青泥没马街生鱼。
旧雨来人今不来，悠然独酌卧清虚。
我虽作郡古云乐，山川信美非吾庐。
愿君不废重九约，念此衰冷勤呵嘘。

——《次韵答王定国》

王巩如约而至。今天我们可以想象到，在黄楼庆典上，苏轼肯定心情大好。黄楼之上，月上高楼，有佳人，有挚友，有喜笑颜开的同僚。

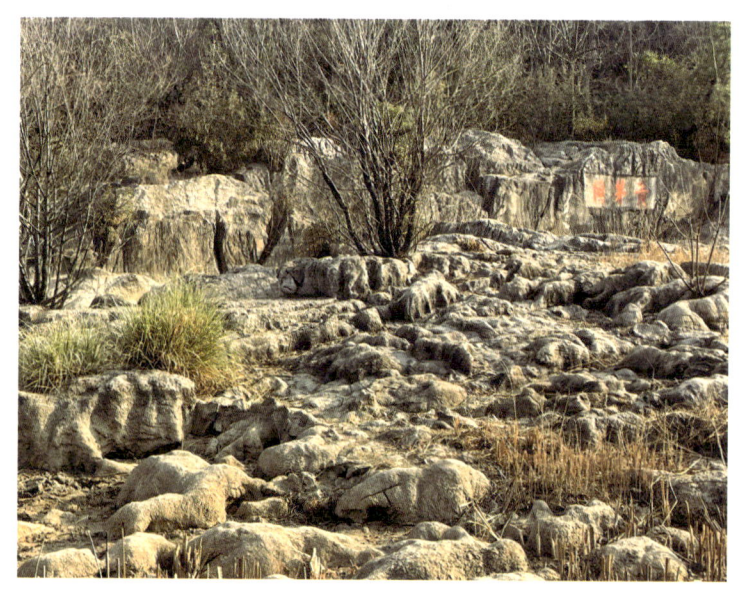

徐州黄茅冈 当年苏轼曾在此醉卧 张杰／摄

徐州

参加完黄楼庆典活动之后,王巩没有直接返回,而是停留徐州,与苏轼一起做"十日游"。有朋自远方来,不亦乐乎。公务繁忙的苏轼,也会抽时间陪友人看看徐州的山水。而这,很可能是苏轼一生中最快乐的一段日子。

苏轼带友人去徐州当地知名的云龙山游玩,还发生了一件趣事。跟朋友在一起聚会总是让人很开心,多喝几杯是人之常情,不胜酒力的苏轼喝醉了。路过一个叫黄茅冈的地方时,他眼睛有点儿蒙眬,恍惚之间看见一大群羊(其实是乱石交错)。再走几步,步伐踉跄,干脆找个大块的石头先睡会儿再说!抬头仰望,蓝天白云,秋风送爽,还传来了悠扬的歌声……这段经历也被苏轼写成一首诗:

醉中走上黄茅冈,满冈乱石如群羊。

冈头醉倒石作床,仰看白云天茫茫。

歌声落谷秋风长,路人举首东南望,拍手大笑使君狂。

——《登云龙山》

与好友相聚,与大自然共醉,苏轼或许会想起自己多年前跟父亲、弟弟一起,从家乡眉山经水路、陆路到开封赶考那3个月互相唱和、饱览山河的美好时光吧。

任徐州知州期间,苏轼常带宾客、僚吏登山览胜。他曾经10次登上云龙山,观景访友。山上有一个隐士叫张天骥,自号"云龙山人"。亭建后,苏轼频频入亭饮酒,张山人"惯作酒伴","提壶劝酒"。二人性情相投,结为好友。

山人饲养两只仙鹤,每日清晨在亭前放飞,此亭因此得名"放鹤亭"。张山人请苏轼为放鹤亭题写文章,这就是被收入《古文观止》里的千古名文《放鹤亭记》。

  熙宁十年秋,彭城大水……春夏之交,草木际天;秋冬雪月,千里一色。风雨晦明之间,俯仰百变。山人有二鹤,甚驯而善飞。旦则望西山之缺而放焉,纵其所如,或立于陂田,或翔于云表,暮则傃东山而归。故名之曰"放鹤亭"。

  如今的云龙山上,放鹤亭依然伫立。亭南北长11.95米,

[明]唐寅 《款鹤图》（局部）

东西深4.95米，歇山飞檐，古朴幽雅，门上悬匾，上书苏轼手迹"放鹤亭"三个大字。因朝代更迭动荡，以及千百年来的风摧雨蚀，最初的放鹤亭倾毁，现存的放鹤亭乃是后人在原址上修葺而成。

那一年，苏轼为徐州第一次发现煤炭

苏轼是千年难寻的全才。他在文学、绘画、书法、政治，甚至美食领域都有不俗建树。但是当听说他还是中国煤矿史上绕不开的人物时，依然让人忍不住感到意外和惊叹：

苏轼的生命触角简直无所不及！

据中国宋代文学学会会长、南京大学教授莫砺锋在《百家讲坛》讲座中透露，位于江苏徐州的中国矿业大学成立了一个苏轼文化研究中心。因为苏轼被视为中国采煤事业的先驱，他在徐州做知州时发现了当地的煤矿，而正是从那时起，徐州煤矿开始被开采。

徐州苏轼文化研究会副秘书长、作家张本纲在云龙湖畔对记者详细介绍说："徐州的冬季，大雪过后，往往柴薪奇缺。为解决徐州居民冬季的烧柴困难，苏轼根据徐州的地理环境和掌握的线索，反复考察、勘探，派人四处找寻'石炭'（即煤炭），终于于公元1078年12月在白土镇孤山勘探到了石炭，并组织开采，解决了民众冬季燃料短缺的问题，并为此写下了著名的《石炭》诗。"

在这首诗的引文中，苏轼记述了徐州煤炭的开采背景、规模及煤炭的用途：

彭城旧无石炭。元丰元年十二月，始遣人访获于州之西南白土镇之北，以冶铁作兵，犀利胜常云。

诗的正文是这么写的：

君不见前年雨雪行人断，城中居民风裂骭。
湿薪半束抱衾裯，日暮敲门无处换。
岂料山中有遗宝，磊落如䃜万车炭。
流膏迸液无人知，阵阵腥风自吹散。

徐州

根苗一发浩无际，万人鼓舞千人看。
投泥泼水愈光明，烁玉流金见精悍。
南山栗林渐可息，北山顽矿何劳锻。
为君铸作百炼刀，要斩长鲸为万段。

诗里详细介绍了煤炭开采的时间及地点。背景是徐州冬季雨雪很大——"君不见前年雨雪行人断，城中居民风裂骭"，天气非常寒冷，把老百姓的小腿都冻裂了。在这种情况下，"湿薪半束抱衾裯，日暮敲门无处换"，柴草燃料非常短缺。苏轼组织人去寻找石炭，"岂料山中有遗宝，磊落如䃜万车炭"。根据诗中的介绍，当时发现的应该是露天煤，进行的是露天开采，"根苗一发浩无际，万人鼓舞千人看"形容规模很大。苏轼又详细介绍了煤炭在当时的两个主要用途，一是"投泥泼水愈光明，烁玉流金见精悍"，用于居民取暖，解决居民的燃料问题；二是"为君铸作百炼刀，要斩长鲸为万段"，这么好的煤炭，还可以利国冶铁，制造兵器，更好地去保卫国家，效忠朝廷。

深受儒家思想浸润的苏轼，从政表现出"仁爱"的风格。在徐州期间他作为地方长官，非常重视农业生产，多次深入农村，劝勉百姓积极耕作。他曾深入到萧县的杏花村劝农，也曾到城东20里的石潭求雨。宋神宗元丰元年（1078），徐州发生旱灾，作为知州的苏轼，带着众人到石潭去求雨，将虎头放置在石潭中，没想到居然真的下雨了。随后，苏轼在谢雨的途中，看到乡村的一片繁荣景象，忍不住写下五首《浣溪沙》，描绘出一派民风淳厚、安乐祥和的初夏乡村景致。

《浣溪沙·徐门石潭谢雨道上作五首·其一》是这样写的：

> 照日深红暖见鱼，连溪绿暗晚藏乌。黄童白叟聚睢盱。　　麋鹿逢人虽未惯，猿猱闻鼓不须呼。归家说与采桑姑。

乾隆是"大清第一苏粉"

作为北宋时期巴蜀大地走出的旷世奇才，苏东坡在近千年来拥有无数的粉丝和追随者，甚至连乾隆皇帝都是他的粉丝，被称为"大清第一苏粉"。

乾隆六下江南，其中四到徐州，每一次都要到云龙山去探访苏轼的遗迹，写下了11首诗。通过大数据检索，乾隆皇帝写过300余首和苏轼有关的诗，他是地地道道的苏轼铁粉。这其中有许多趣事。

据地方文化方志研究者、徐州市苏轼文化研究会特邀研究员于克南介绍，清朝第一个文科状元是山东傅以渐，他考取状元之后，顺治皇帝第一让他当参谋，第二让他教小玄烨文化。由于傅以渐身材矮胖，他只会骑驴，不会骑马。当时皇宫要求大臣只能骑着高头大马进去，不允许骑驴进去，顺治皇帝就特批傅以渐可以骑驴进去。有一天，顺治皇帝下朝的时候，看到小玄烨牵着这头驴的缰绳，傅以渐踩着凳子往

徐州

驴背上爬,爬上去之后,小玄烨又把缰绳递给了傅以渐,在驴的屁股上面踹了一脚,驴就跑出了皇宫。顺治皇帝看到这一幕特别兴奋,他请宫廷画师画了一幅《状元骑驴图》,并题有一诗:

> 云龙山下试春衣,放鹤亭前送夕晖。
> 一色杏花红十里,状元归去驴如飞。

顺治皇帝题写的这首诗源于苏轼写于徐州的《送蜀人张师厚赴殿试二首·其二》。北宋神宗元丰二年(1079),苏轼的同乡张师厚将赴北宋京城开封进行殿试。张师厚特来徐州拜谒苏轼,以求其举荐。张师厚辞行时,苏轼在云龙山放鹤亭为他饯行,并赋诗以壮行。诗题曰《送蜀人张师厚赴殿试二首》:

其一
忘归不觉鬓毛斑,好事乡人尚往还。
断岭不遮西望眼,送君直过楚王山。

其二
云龙山下试春衣,放鹤亭前送落晖。
一色杏花红十里,新郎君去马如飞。

顺治活用此诗,将苏轼原诗"新郎君去马如飞"改为"状元归去驴如飞",并转赠给了傅以渐。

到了乾隆年间，乾隆皇帝下江南到徐州，发现当地人也改苏轼的诗。有人对"一色杏花红十里，新郎君去马如飞"这两句提出了反对意见：云龙山总共才6里路，不到10里路，诗句和当地的场景对不上号。还有人提出"红"字用得也不对，称苏轼写这首诗的时候已经是暮春了，是杏花凋谢的季节，这时的杏花是白色的，用"红"字就错了，不如用一个"香"字代替。于是当时就有人将苏轼这句诗改成"一色杏花香十里"，最后还刻在寺庙里面。

作为苏轼的头号粉丝，乾隆皇帝看到苏轼诗的一些字词被改了，心里很不高兴。他找到宋代的《苏轼集》，把《苏轼集》的内容临摹了一遍，又立了一块碑，把"一色杏花红十里，新郎君去马如飞"刻上去，要求老百姓以后不许随便改苏轼的诗。这样一来，苏轼这首诗的原貌就稳定地流传下来了。

如今，我们再读苏轼这句"一色杏花红十里，新郎君去马如飞"，依然能感受到苏轼对友人最真挚的情感表达。

千年后，每年的春季，云龙山下那十里杏花的风景绝美依旧。据史料记载，云龙湖最初只是一片积水洼地，因位于徐州南郊簸箕山下，又因其形状像簸箕，故俗称"簸箕洼"。后因夏季洪水暴发，来自山区的洪水皆注入此处，汇集成湖。

云龙湖在北宋时称"尔家川"，明代称"苏伯湖"，明万历年间又称"石狗湖"。苏轼任徐州知州时曾说："若引上游丁塘之水注之，则此湖俨若西湖。"即若能引丁塘湖和金钟湖之水灌入此湖，则此湖风光可与杭州西湖相媲美。

徐州

如今的云龙湖也确实如苏东坡所期望的，从一片水洼一步步越变越美，成为徐州人引以为傲的云龙湖景区。西湖有苏堤，云龙湖也有苏堤，在1994年，云龙湖与西湖结为了姊妹湖。

因为有徐州苏轼，方才有黄州东坡

虽然徐州岁月不是苏轼的文学创作高峰期，但他还是在徐州留下了300多篇优秀诗文。爱才重情的苏轼，提携后进，培养人才。比如来徐州求学的王氏兄弟王适、王遹，还有徐州人陈师仲、陈师道兄弟及寇元弼、郑彦能等人都得到了苏轼的指导和关心，成为宋代文坛上比较有名的诗人。尤其是他与当地青年王迥、王适结为忘年之交，对他们很是照顾和喜爱。其中，王适贤而有文，朴实厚重，喜怒不见辞色，与苏辙气质相像。

有一次，苏轼的同乡张师厚赴京赶考，特意先到徐州来拜谒苏轼。当时庭中杏花盛开，大家在月下置酒共饮。苏轼作《月夜与客饮杏花下》一诗，其中后几句写道：

> 花间置酒清香发，争挽长条落香雪。
> 山城酒薄不堪饮，劝君且吸杯中月。
> 洞箫声断月明中，惟忧月落酒杯空。
> 明朝卷地春风恶，但见绿叶栖残红。

几百年后,当代作家李一冰看到这首诗,内心震动。其在1979年完稿的《苏东坡新传》中写道:

> 苏轼与三个青年后辈,饮酒花下,其乐融融,何以忽然会有最后这两句诗语,当时不大容易索解。但是后来,距此不过四个多月,就发生乌台诗狱这场横祸,"明朝卷地春风恶,但见绿叶栖残红",莫非这就是所谓"诗谶"?

几个月后,苏轼将品尝到人生第一杯浓愁的苦酒——"乌台诗案"。因为这件事,他从开封的庙堂之高,跌到黄州的赤壁之下。由此,苏轼变成了苏东坡,成为"独往来","拣尽寒枝不肯栖,寂寞沙洲冷"的"幽人"。在疗伤的时日里,他应该也会怀念、庆幸自己还有过一段徐州知州岁月。在此期间,他全力以赴,为政务殚精竭虑,治理黄河抗洪有功,救民于水火,深受人民爱戴。他用真心和才华吸引天下交友来往,获得了宝贵的知音。

人们在惊艳苏东坡"大江东去"的文学巅峰时,不要忽视了他的徐州岁月。徐州岁月在苏轼心里,一定是美好的经验,成为支撑着他的一份力量,使他虽然气馁但不绝望,最终迎来了其文学艺术成就上的最高峰,于是人间才有了《念奴娇·赤壁怀古》《赤壁赋》以及《寒食帖》。

回望云龙山,走过黄茅冈,驻足放鹤亭,我们仿佛看到42岁的苏轼,意气风发,阳光灿烂,忧郁只有一点点。

我们只道坡仙"一蓑烟雨任平生"的豁达与淡泊,却

徐州

不知面对滔天的黄河水,他都毫无惧色,"沙湖道中遇雨"又能算甚?"千古文人一东坡",便是如此一步一步,淬炼而出。

采访手记

在天为星辰，在地为河岳

在开封寻找少年苏轼之后，沿着黄河曾流经的路线，作为封面新闻大型策划报道"寻路东坡"其中一组记者，我们来到徐州，寻找正值人生"三盛"的苏轼。

夜色中，高铁途经商丘站，我心里默默丈量着商丘到徐州的距离。因为苏轼在徐州当知州时，他亲爱的弟弟子由任职的应天府（今河南商丘）距徐州不远。其实我默念的不只是距离，还有令人动容的二苏情谊。

宋熙宁十年（1077）四月，苏轼调任徐州时，其弟苏辙到应天府任判官，二人相会于濮阳，结伴来徐，同住知州衙门后院的逍遥堂。苏辙留居徐州百日，与苏轼对床而眠，兄弟情深，传为佳话。之后，苏辙惜别徐州。不久黄河决口，水困徐州，苏轼率民抗洪，身先士卒。抗洪成功之后，建黄楼纪念，苏辙送来《黄楼赋》祝贺，苏轼看了大为欣赏，亲笔书写，刻碑于楼中。弟文兄书，又是一桩千古佳话。早在嘉祐六年（1061），苏轼被命凤翔府签判，其父留京修礼书，苏辙送哥哥一直至郑州西门郊外。依依惜别之情，让苏轼写下诗句"亦知人生要有别，但恐岁月去飘忽。寒灯相对

徐州

记畴昔,夜雨何时听萧瑟"。更早的从前,他们一起从家乡眉州向中原进发,旅途中互相唱和。后来,二人各自任职,分隔两地多年不见,哥哥有时候会去弟弟工作的地方小住,弟弟也会去哥哥任职的城市做伴。每当分别之后,兄弟俩会互寄诗文,表达思念。至亲兄弟之间的爱,透过他们互致彼此的诗词,以文学作品的形式,润泽后世,芳泽沁人。

生活在11世纪的天才苏轼与弟弟苏辙,赤诚的兄弟情谊和高超的艺术表现,总让我联想起在遥远的世界另一端,19世纪的天才画家凡·高和他的弟弟提奥,以另外一种形式表达了这种人间珍贵的爱与美。或许人类历史上优秀、赤诚的灵魂,总会有遥远的镜像对照吧。

细看苏轼一生所踏之地被密密麻麻点出来的地图,实在有点儿震惊:这可是在900多年前啊!就算在现代,也不是每个人都有这么丰富的旅程和见识。不过,也正是这些大地之上的点位,为我们滋养熬炼出一个千古文人苏东坡。

在徐州采访两日,处处找苏轼,处处有苏轼。走过的路,以他修筑的堤坝命名;遇到的人,是他的粉丝;仰望的高塔,是为纪念他。白天在故黄河岸边眺望黄楼,爬云龙山,游放鹤亭,路过黄茅冈;夜宿云龙湖畔,一打开旅店的门,就看见墙上有苏轼在徐州写的一首七言律诗《送蜀人张师厚赴殿试二首·其二》。苏轼曾撰文形容韩愈的浩然之气可以"在天为星辰,在地为河岳",其实这两句用来形容他自己,也是很适用的。

"寻找苏东坡,我认为除了在遗迹、足迹上寻找,更要在现实中寻找。苏轼曾经是我们的苏太守,现在我们已经把苏东坡当朋友。他不是高高在上的偶像，也不只是教科书上的知识点，而是生活中可以随时给予我们启发和帮助的鲜活的友人。"徐州当地的苏轼研究者李六如说道。

在徐州，苏轼有充分的舞台展现他吏治的才能，徐州百姓也给予他充足的信任。苏轼在之后仕途上的荣辱沉浮，没有真正影响到他在徐州当地百姓心中的位置。

苏轼自熙宁十年（1077）四月至元丰二年（1079）三月，在徐州任知州整整两年。他在徐州两年，被当地百姓记颂千年。在徐州，苏轼的痕迹经过900多年岁月的洗礼，依然清晰可见。人们说苏轼，爱苏轼，念苏轼。我们聆听了多位徐州当地人讲述他们所研究、感知到的苏轼，他们的口中、眼睛里，全是敬佩、感念的星光。

苏轼一生任职过的地方，似乎总有一个美好的湖：杭州有西湖，扬州有瘦西湖，徐州有西湖的姊妹湖——云龙湖。所到之地有湖，有水，有明月相伴，也算是大自然所给予苏轼的一种无言的疗愈。

采访期间，恰好遇到正月十五元宵节。入夜，大街上多是提着灯笼的儿童。皓月当空，春风料峭清新，沁人心脾，古老而又新鲜。我们站在云龙湖畔，久久仰望着，那曾给予苏轼无数次灵感，成就文学史上许多佳作的，同一个月亮。

江苏徐州

江苏常州

浙江杭州

四川眉山

湖北黄冈
是炼狱亦是福地

广东惠州

海南儋州

黄州涅槃重生："坡仙"于此遨游九天

元丰三年（1080）二月初一，三匹官马从湖北岐亭方向而来，朝南边的黄州城而去。这一行人中，为首的是一牵马青年，他身后的那匹白马稍显羸弱，一根竹杖别在鞍上。另有两匹黑驹在后。牵马青年是23岁的蜀中眉州人苏迈，骑白马那位是他45岁的父亲，名满中原的大才子苏轼，最末两位是从东京汴梁一路押解他们的御史台衙役。

北宋朝廷把天下240个州分为五等，黄州是名副其实的"下等州"。2011年，宋代黄州城墙旧址发掘项目启动，考古学家发现宋代黄州城池凋敝残破，乃至很大一片城墙都是用竹篾片围起来的。黄州，是苏轼政治生涯的第一个贬谪地。

元丰二年（1079），

[清]佚名　苏轼像

黄冈

影响了苏轼一生的"乌台诗案"始发。在阴冷逼仄的牢房里关押了130多天后,苏轼被发往黄州。可就是在这座苦穷之城,苏轼的才情却毫无保留地展现——他最美的文、最智的诗、最佳的词、最雄的赋、最酷的字、最绝的美食,皆诞生于此。他如一只浴火重生的凤凰,自此翱翔于九天之上。

炼狱与修行:从庙堂之高,到江湖之远

苏东坡一生的文学创作数量丰富,在黄州,他更是创作了像"二赋一词"(《赤壁赋》《后赤壁赋》和《念奴娇·赤壁怀古》)、《卜算子·黄州定惠院寓居作》、《定风波·莫听穿林打叶声》、《记承天寺夜游》等千古绝唱。这个时期,他的创作出现"词多诗少"的现象,其中一个原因是他受到"乌台诗案"的影响。此前他写了太多针砭时弊的诗,被很多宵小之辈利用,认为他对皇上不恭敬,为了把他扳倒,就给他罗织了很多罪名。

苏轼从御史台监狱出来重见天日,纵使豁达如他也是心有余悸,所以他在黄州时写诗比较谨慎,也有意把创作重心转移到描写日常生活上去,此外还更多地用词来抒情。

黄冈师范学院文学院教授、中国苏轼研究学会理事方星移聊起苏轼在黄州的那段经历时,不无感慨地说:"'乌台诗案'使他遭到了御史们寻章摘句的打击报复,所以他不免是需要回避一下的。每个人都有一种避祸的心理,他也是有的,更何况他从那么高的地方跌下来。"

傅抱石 《后赤壁赋》

黄冈

刚来黄州时，苏轼怕祸从口出，对此前旺盛的诗歌创作按下"暂停键"。正如《子由自南都来陈三日而别》里他向弟弟苏辙许诺的那样，"畏蛇不下榻，睡足吾无求"，为了不被人抓住把柄，他只求在床上睡大觉。

但是，苏轼是一个随时需要用笔墨宣泄情感的狂生，天天闷头睡觉肯定是要憋出病的，于是他便利用词的创作，来抚慰内心，言志抒情。

词对宋人而言，是一种抒情载体，它没有太多的社会教化功能，主要承载的是审美和娱乐。于是，苏轼在黄州创作的词赋作品，关注现实的内容减少了，着眼于人性和日常生活的部分变多了。在黄州，他彻底成为一个普通人，在词赋和散文里记录下自己在黄州生活的点滴。

在《遗爱亭记》中，苏轼通过郡守徐君猷的事迹，提炼出了一种"去而人思之"的"遗爱精神"；在《游沙湖》中，他记录了庞安常医术绝妙，愈人之疾甚神、救人不计利的故事，推崇了德艺双馨的仁医情怀；在《方山子传》中，他又描写好友陈季常抛却富贵，独入穷山中，标举了一种真儒形象……

苏轼喜欢喝酒，也喜欢酿酒，他在黄州所写的《蜜酒歌》大俗大雅，里面详细记录了蜜酒酿造的方法和工艺。蜜酒的原料虽然简单，不过是糯米和蜂蜜，可苏轼对细节描写得非常入微："一日小沸鱼吐沫，二日眩转清光活。三日开瓮香满城，快泻银瓶不须拨。"一个大文豪竟然如此认真地去刻画那么一点儿小事，足以证明他是一个日常生活的记录者，亦是一个生活艺术家，更说明苏轼在黄州贬谪期间，其艺术感知力并没有减少，反而愈发敏锐。

苏轼刚被贬谪到黄州时，蜗居在城内的小寺庙定惠院。可没住多久，因弟弟苏辙将其眷属护送到黄州，他搬到了房屋稍宽敞一点儿的临皋亭，因其家口众多，起居空间更显局促。东坡每当惆怅之时，总爱持竹杖行至亭外江边散心，每当凝望水天一线的江面时，他就会重新抖擞起来。正如《与范子丰书》所言："临皋亭下不数十步，便是大江，其半是峨眉雪水，吾饮食沐浴皆取焉，何必归乡哉！"

李一冰在《苏东坡新传》中称，沐浴是苏轼日常生活中的癖好之一，此来黄州，他常去城南安国寺洗澡。东坡在《安国寺浴》中对自己的"澡堂达人"身份亦有提及："尘垢能几何，翛然脱羁梏……岂惟忘净秽，兼以洗荣辱。"

沐浴令东坡身心洁净轻松，也助其加入了僧人的"朋友圈"，他在安国寺结识了以住持继莲为首的一众和尚。与他们相处，苏轼的生活变得简单，思想也日渐纯粹。苏轼在黄州期间创作了大量与安国寺相关的诗文，除了上文所述的《安国寺浴》，还有《安国寺寻春》《应梦罗汉记》《遗爱亭记》《安国寺记》等。

苏轼与寺院的亲近，归根结底是他喜欢佛家思想。他初到黄州，别的事物容易导生痛苦的联想，而在禅门打坐静修，研读佛书释典，就自然流露出一些不会招祸的佛家言语。如《与程彝仲推官书》中写的那样："但多难畏人，不复作文字，惟时作僧佛话耳。"

此外，苏轼在黄州的诗作也因悟禅悟道变得愈发超然，行文在旷放豪迈的基础上又晕染上清静幽远的色彩，最终达至诗禅浑融一体的至高境界，否则他怎能写出像《琴诗》这样的神品？

若言琴上有琴声，
放在匣中何不鸣？
若言声在指头上，
何不于君指上听。

元丰四年（1081），谪居黄州刚好一载的苏轼因薪俸断绝，生活日益艰辛。黄州太守徐君猷拨给苏轼一块废弃营地，以便他躬耕其间，自食其力。这块地东高西低，黄州人将其称为"东坡"。当年大旱，苏轼饱尝开荒种地的辛酸，为记住这一段艰难岁月，他给自己取号"东坡居士"。从此"苏东坡"的名头比苏轼更加响亮。

从庙堂之高，到江湖之远，戴罪之身的苏轼在

[北宋] 李公麟 《东坡笠屐图》

黄州遭遇过贫寒、孤独和心魔，却像一朵莲花，绽放得更加清妍。当初陷害苏轼的那些御史台谏官如李定、舒亶、张璪之流，他们万万没想到，苏轼在所谓的"下等州"竟完成了一次涅槃重生。他的诗词文章不但更为精进，其人也脱胎换骨，他甚至不再是当年的凡人苏轼，在黄州，他蜕变成了世人所景仰的"坡仙"！

方星移说："我们通常讲苏东坡有一个很重要的特点，中国古代士大夫的儒家思想、佛家思想、道家思想，他兼而取之。而且他拿来融合之后，就跟别人不一样了。像他经常去安国寺沐浴，其象征意义就是洗掉对功名利禄的追求。如果放弃对名利追求的执念，人就不会那么痛苦了，所以他就看开了。"

与友且歌且行："二赋一词"的诞生绝非偶然

2023年2月10日，农历正月二十，湖北黄冈遗爱湖公园，春寒料峭，微冷。细雨中，我们沿着苏轼的足迹，探寻他当年在黄州留下的点点滴滴。

943年前，也是在这寒冷的季节，苏轼与黄州结缘。从名满天下的士大夫到"不得签书公事"的团练副使，从仕宦到囚徒，从繁华京师到偏僻小城，巨大的落差让初到黄州的苏轼以自嘲的口气写下"自笑平生为口忙，老来事业转荒唐"。内心虽然痛苦万分，但作为乐观派，苏轼很快被黄州这座小城的自然之美所吸引，"长江绕郭知鱼美，好竹连山

黄冈

觉笋香"。

首次遭贬,一路风尘仆仆的苏轼身心俱疲,本以为自己是戴罪之身,人人避之唯恐不及,却没想到,行至麻城岐亭北二十五里的山上时,遇见了第一个好友——陈慥(字季常)。对方骑着白马、张着青盖热情相迎,并邀请苏轼到其隐居之所做客,一连招待五天。

陈季常与苏轼是同乡,当时正隐居在岐亭。陈季常"北迎二十五里"的隆重礼遇,让刚刚死里逃生、被贬异乡的苏轼感受到了来自黄州的第一份温暖。而后四年,两人常常见面,"凡余在黄四年,三往见季常,而季常七来见余"。每次相见,都会在对方家里住上十天半月,"盖相从百余日也",四年下来二人共处的时光有一百多天。他们一起谈论佛法,吟诗作赋,寄情山水,抚琴高歌。后来苏轼遇赦离开黄州,陈季常送他,一直从湖北黄州送到江西九江。

据统计,苏东坡写给陈季常的诗、词、文约有20篇,其中传记《方山子传》脍炙人口,是中国文学史上的名篇。2020年"千古风流人物——故宫博物院藏苏轼主题书画特展"上展出的《新岁展庆帖》《人来得书帖》合卷,就是苏轼写给陈季常的信札原件。

这份友情还衍生出了"河东狮吼"的典故。苏轼在《寄吴德仁兼简陈季常》中写道:"龙丘居士亦可怜,谈空说有夜不眠。忽闻河东狮子吼,拄杖落手心茫然。"诗中的"龙丘居士"指陈季常,"河东"借用杜甫"河东女儿身姓柳"的诗句暗喻陈妻柳氏,"狮子吼"源自佛经,意指"如来正声",比喻威严。这原本是朋友间的打趣,并没有任何讽刺

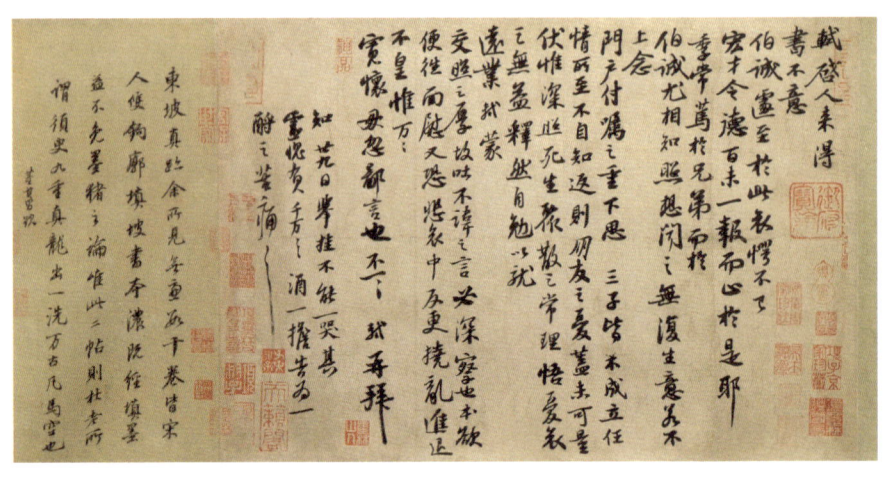

[北宋]苏轼 《人来得书帖》

之意,奈何苏轼名气太大,后世相沿成说,"河东狮吼"成了"悍妇"的代称,"季常癖"也成了"惧内"的代称。

元丰三年(1080)之前,苏轼是才华横溢的诗人、声名显赫的政治家;元丰三年之后,他是荒蛮地区的流放者,是寄居定惠院里"寂寞沙洲冷"的幽人。苏轼当时被贬为黄州团练副使,这只是个空头官衔,实际上他还在受监管,基本没有什么俸禄。为了节流,苏轼全家每日生活费不能超过150文钱——月初拿出4500文钱,分成30串吊在屋梁上,每天早晨取下一串作为日常开销。不够用就饿肚子,有结余就放进竹筒攒起来招待客人。

看到老朋友"日以困匮",马正卿(字梦得)十分难受。为了帮苏轼改善生活,他出钱出力,帮助苏轼修筑起居

黄冈

室，让他和家人有了安居之所。"有屋五间，果菜十数畦，桑百余本，身耕妻蚕，聊以卒岁也。"苏轼为自己的居所取名"雪堂"，并亲自在门楣上书写了"东坡雪堂"四个大字，自号"东坡居士"。

老朋友的热情不仅让东坡先生的生活不再那么窘迫，还为其创作提供了灵感。苏轼名气最大、声誉最高的"二赋一词"，就源于与朋友同游赤壁。元丰五年（1082）五月，西蜀道士杨世昌专程到黄州看望苏轼，并教他用蜂蜜和粮食酿蜜酒，上文所述之《蜜酒歌》便源于这次探望。七月十六日，二人提着蜜酒和菜肴泛舟赤壁。

［明］仇英　《赤壁图》（局部）

今日之"东坡赤壁"

"大江东去,浪淘尽,千古风流人物。故垒西边,人道是,三国周郎赤壁。乱石穿空,惊涛拍岸,卷起千堆雪……"因为长江改道,今天的赤壁虽已非东坡所见之原貌,可古韵和气势犹存。苏轼和朋友夜游赤壁是在赏景,但同时也是在江水的流淌中感受历史的流转和生命的律动,以提升自己的人生境界。

夜晚清风徐来,水波不兴。苏轼举酒属客,扣舷而歌,杨世昌以洞箫相和。箫声幽咽,蜜酒醉人,"飘飘乎如遗世独立,羽化而登仙"的苏轼挥毫而就,作千古名篇《赤壁赋》,回家后他又乘着酒意写下千古名唱《念奴娇·赤壁怀古》。时隔三月(十月十五日),苏轼再次在杨世昌的陪同下游赤壁,作《后赤壁赋》。"二赋一词"不仅是苏轼文学创作的巅峰之作,也是中国文学的辉煌之作。

"吾上可陪玉皇大帝,下可以陪卑田院乞儿。"苏轼在黄州四年,上至太守下至农夫都愿意和他亲近,且相处和谐,算得上是古代的"社牛"。苏轼在黄州写的诗里,有三首都写于正月二十日,讲述这一天他跟黄州的几个朋友一起去女王城(也叫禹王城)游玩。这三首诗分别写于元丰四年、元丰五年、元丰六年,即《正月二十日往岐亭,郡人

黄冈

潘、古、郭三人送余于女王城东禅庄院》《正月二十日与潘、郭二生出郊寻春，忽记去年是日同至女王城作诗，乃和前韵》《六年正月二十日复出东门，仍用前韵》。

苏轼能连续三年在同样的时间、同样的地点、同样的景致下，运用同样的诗韵，写出同样绝妙的好诗，一方面是因为黄州人用情感温暖了他，另一方面可能也是他在有意识地去开解自己，或者说他需要让自己从"乌台诗案"的阴影里面走出来。

为苏轼提供参禅默坐、沐浴养性等便利的安国寺僧首继莲和尚，是苏轼在黄州最早结交的朋友之一。苏轼在解救黄州溺婴时，自发联系黄州大户对所救婴儿捐款，自己也捐款十钱，"使安国寺僧继莲书其出入"，足见他对继莲的信任。元丰七年（1084），苏轼改汝州安置即将离开黄州时，在继莲的邀请下作《安国寺记》。

为什么在"穷旧交绝"的困顿之际，苏轼依然能与黄州的官府官员、隐士平民、渔民商贩、道士僧人等谈古论今、侃桑说麻？为什么黄州上至地方权贵，下至凡夫俗子都能与苏东坡成为好朋友？除了黄州人天性纯良，一个很重要的原因是，苏轼在被贬谪之前就已是大宋的"国民级偶像"，他来到黄州引发了一种"追星效应"。

在黄州，苏轼度过了最艰难的时光。故友新朋的接近、陪伴、安慰、帮助，使他慢慢走出了"乌台诗案"的阴霾，从失意到坦然，从颓丧到旷达，一步一步成为我们熟悉的东坡居士！

浓墨重彩的一笔：至暗时刻写出"天下第三大行书"

苏东坡是一位才华横溢的通才，诗词文赋、琴棋书画无所不精。尤其是书法一道，他造诣颇高，自成"苏体"，开"尚意"书风，是两宋书法的领军人物。苏东坡在黄州期间，创作了大量书法作品，《梅花诗帖》《定惠院月夜偶出诗稿》《黄州寒食帖》《前赤壁赋卷》《新岁展庆帖》《人来得书帖》等传承千年，仍存于世。

黄冈市博物馆有一件关于苏东坡的著名展品——被誉为"天下第三大行书"的《寒食帖》。虽然这只是一件来自台北故宫博物院的原版复刻品，但《寒食帖》是东坡在黄州挥就的，因此它在这里展出的意义自是非凡。

2023年2月13日下午，黄冈市文联东坡文学艺术院副院长杨文斌再一次来到博物馆欣赏《寒食帖》，前不久他刚刚发表了一篇论文《也谈武穆遗"书"》。杨文斌说："岳飞

宋孝宗手书《后赤壁赋》

的书法真迹传世不多，但可以肯定，他有意在模仿苏东坡的书体。"《寒食帖》通篇书法起伏跌宕，气势奔放，而无荒率之笔，是苏轼书法作品中的上上品。正如苏子门生黄庭坚在此帖后所跋："此书兼颜鲁公、杨少师、李西台笔意，试使东坡复为之，未必及此。"

寒食节，乃清明节前一二日，是日初为节时，禁烟火，只吃冷食。元丰五年（1082），苏轼来黄州后的第三个寒食节，虽有临皋亭、雪堂可居，也有老友相随相伴，但其前途渺茫，人生之路也不知何去何从。《寒食帖》便是他在情绪最为低沉郁积时写就。"小屋如渔舟，濛濛水云里。空庖煮寒菜，破灶烧湿苇。"苏轼的苍凉、惆怅、孤独跃然纸上。

天下第一行书是东晋王羲之的《兰亭集序》，第二行书是唐朝颜真卿的《祭侄稿》。之所以《寒食帖》能成为天下第三大行书，杨文斌说："《兰亭集序》表达的是魏晋时期文人士大夫的悠游潇散，《祭侄稿》表达的是得知侄儿遇害后的沉痛悲愤，《寒食帖》则表达了苏东坡被贬黄州的悲愁、郁闷，是一种灰色的复杂心情。但在灰色之中，他又有自我的振作，而不是在恶劣的情绪里沉沦到底。"

《寒食帖》的线条厚重，墨色响亮，内容虽然沉重，但书写时一气呵成。起承转合间，就像一首磅礴的交响乐，开始时很舒缓，中间达到情绪的高潮，又戛然而止，有大悲到无话可说的沉寂，可谓余音绕梁、三月不知肉味，给人巨大的回味空间。

从《寒食帖》上可以明显看出，东坡的字形比较扁，因为他习惯把手搁在桌子上写字，并且笔执得很低，不仅适合写比较小一点儿的字，而且还造成了东坡书法左低右高、"左秀而右枯"的效果，呈现一种扁平和倾斜的特色。在用墨上，东坡喜欢把墨磨得很浓很黑，墨浓不利于写快，所以在笔毫运行上，他写得比较慢，也就造就了东坡书法凝重厚实的线条。

天下第三大行书《寒食帖》

黄冈

苏东坡以"我手写我心"的抒情书写样式，将情感与笔下之字相结合，使笔法、书法审美、情感得到融合，将"宋人尚意"的书风发挥到了极致。书法界公认，尚意书风的首创者就是苏东坡，同时他也是这种艺术理念的实践者，影响了众多后世书法家，以至在当代书坛还有着巨大的影响力。尤其在电脑时代，手书脱离了实用功能，书法的艺术性被提到更纯粹的高度，尚意书风得到了发扬和光大。

更让人惊叹的是，写完《寒食帖》不久后的三月初七，苏东坡就创作出了旷达超脱的《定风波·莫听穿林打叶声》。对苏轼的文学创作了然于胸的方星移说："《寒食帖》和《定风波》的创作时间，前后可能就差一两天。前一天他还惆怅到了极点，到了第二天，他就满血复活了，'一蓑烟雨任平生''也无风雨也无晴'！这种心理调节能力非常强大。而且，他的'二赋一词'也创作于元丰五年。这一年是他在黄州期间文学创作的最高峰，也是整个北宋文化史的璀璨之时。"

"老饕"东坡：或许是历史上首位鸡尾酒发明者

2023年2月的一天下午，在湖北黄冈某大厦的中央厨房，当地知名烹饪大师张彬正在为研制东坡菜系新菜品而忙碌着。厨房另一边，张彬工作室的主厨正在制作一道家喻户晓的美食名菜——"东坡肉"。

黄州是东坡肉的发明地，苏东坡是东坡肉的创始人。当年，苏东坡因"乌台诗案"被贬到黄州。尽管刚刚经历一场生死大劫，但作为天性乐观的美食家，苏东坡初到黄州就幻想着江里的鱼、山上的笋，"长江绕郭知鱼美，好竹连山觉笋香"。但幻想终归是幻想，实际上苏东坡在黄州的生活过得非常艰辛，一日三餐也多以粗茶淡饭为主，艰苦朴素。

不过，苏东坡善于因地制宜，既然买不起贵族士大夫喜欢吃的羊肉，那就来点儿便宜的猪肉。在他看来，"价贱如泥土"的猪肉可是好东西，但"贵者不肯吃，贫者不解煮"。于是他亲自研究吃法，并作《猪肉颂》细心分享烹制要领："净洗铛，少著水，柴头罨烟焰不起。待他自熟莫催他，火候足时他自美。"

张彬在烹饪东坡肉时，先选一块肥瘦相间的五花肉，焯水定型，然后放进蒸锅蒸40分钟。之后切成大小均匀的肉块，在入锅翻炒过程中，加入提前备好的作料、啤酒和秘制汤料。随着热气蔓延，浓浓的香味扑鼻而来。待肉块色泽变红，再转小火炖煮、收汁。等汤汁浓稠微胶时，一道传承近千年的美味正式出锅，软糯剔透，令人垂涎欲滴。

东坡肉

慢火煨炖是东坡肉的精髓。"我们一直遵从的都是'大

黄冈

火烧开、小火收汁',要烧90分钟,蒸40分钟,才有最地道的口感。在食材选料上,我们选的是本地黑土猪肉,一层肥肉,一层瘦肉,肥的多,瘦的少。五花肉就是要肥一点儿才好吃。"在继承东坡美食的基础上,张彬也从工艺、形态、口味等方面,对东坡肉进行现代化改良,"在调色方面,以前的做法是调糖色,一不小心肉的颜色就变黑了。现在我们用生抽、老抽、冰糖等混合调制,用啤酒或者东坡酒闷烧,肉显得更加红亮晶莹。"

除了东坡肉,东坡菜系还包括东坡鱼、东坡羹、东坡饼、东坡豆腐等。《菜羹赋》《食猪肉诗》《豆粥》《鳆鱼行》,以及著名的《老饕赋》"盖聚物之夭美,以养吾之老饕"等诗文,也生动地反映了苏东坡对饮食烹调的浓厚兴趣和品尝美味佳肴的丰富经验。

黄冈东坡赤壁管理处副主任李林介绍道:"苏东坡终其一生,创造出的以东坡命名或传说与东坡有关的菜、小吃、酒,大约有100余种。他的众多诗文中不乏熬、煮、烹、烩、煨、炖、烧、烤、蒸、熏、卤、酱、腌等烹饪专用词,并为这些菜肴的制作和风味特点提供了理论依据,形成了一个自成系统的黄州东坡菜系。"

黄州小吃"为甚酥"也曾让苏东坡难以忘怀。

野饮花间百物无,杖头惟挂一葫芦。
已倾潘子错著水,更觅君家为甚酥。
——《刘监仓家煎米粉作饼子,余云为甚酥。潘邠老家造逡巡酒,余饮之,云:莫作醋,错著水来否?

后数日,携家饮郊外,因作小诗戏刘公,求之二首·其二》

从这首诗里我们可以感受到,苏东坡在艰辛的黄州生活中表现出的乐观、诙谐情趣。"为甚酥"是黄州主簿刘唐年家煎米粉做的饼子,"潘邠老"就是潘大临。那什么是"错著水"?原来,苏东坡在黄州交了很多朋友,其中包括潘大临这位宋代有名的江西派诗人。当时潘家在黄州对岸的鄂州开了一家酒肆,有一次苏东坡他们来喝酒,可能酒给上错了,喝起来有点儿酸。苏东坡就说,这一定是"错著水",意思是错放了水。

东坡爱美食,更爱美酒。资料记载,鸡尾酒(Cocktail)于1777年由美国人贝齐·弗拉纳根(Betsy Flanagan)发明,但苏轼可能才是世界上首位鸡尾酒发明者。

当年苏东坡住在雪堂之中,向他求书求画的人络绎不绝,或送好澄纸求之,或送李墨求之,或送美砚求之,或送好笔求之……置换的方法不可胜举,但求字之人必携酒一坛。

可苏东坡酒量不大,"饮酒终日,不过五合",一天喝下来也只能喝掉半升。大家送了那么多酒,一时间喝不完怎么办?攒着!他把附近四五个郡县送来的美酒都装入一口大瓮,有客人来了,就从大瓮里舀酒招待。数年后,苏东坡在《书雪堂义墨》中回忆道:"予昔在黄州,邻近四五郡皆送酒,予合置一器中,谓之雪堂义樽。""雪堂义樽"就是宋代未经调制的苏东坡版"鸡尾酒"。

黄冈

当时黄州最有名的酒叫压茅柴酒,一般很难买到,"几思压茅柴,禁网日夜急"。除了朋友赠酒,苏东坡也会自己酿酒,就是味道不怎么样。直到好友杨世昌来黄州看他,教了他酿蜜酒的办法。

除了饮酒,苏东坡还喜欢喝茶,"病腹难堪七碗茶,晓窗睡起日西斜""酒渴思茶漫扣门,那知竹里是仙村";也爱种茶,有诗《问大冶长老乞桃花茶栽东坡》;对桃、李、枣、栗、瓜、桑果、樱桃、梅子的记载描述也非常多,家里自产的蔓菁、芦菔、元修菜等也常见于他的诗文中。

东坡每每吟诗作赋,总离不开美酒佳肴,这是他热爱生活的实证。尤其是他在黄州发明的东坡肉,建立起了当代"吃货"和一代文豪之间的精神羁绊。东坡把美食与文化做到了完美融合,他若活在现代,其"朋友圈"晒的无疑会全是诗词与美食。他吃的不仅是美食,更是一种哲学,在味蕾的极度满足中,其人生坎坷似乎也随着美味一一下咽并慢慢消化。

采访手记

摇滚苏东坡,在他的舞台上"想唱就唱"

苏东坡是北宋最摇滚的一个文人。是的,他一生都挺摇滚的。

苏轼为仕之初,路途坦荡。后来,当朝宰相王安石推行新法,宋神宗向苏轼征询"方今政令得失"的意见,他竟毫不顾忌,直言当前时弊,建议推行新法不应"求治太急,听言太广,进人太锐",其"硬核"本色初显。

王安石决定要教训下苏轼这个"愤青",于是把他发去做开封府推官,目的是让他"困之以事",不再有机会对自己的新法"胡说八道"。苏轼在任上,竟然再次直言犯上。熙宁四年(1071)上元节,神宗令开封府采买江浙的花灯,官员为了省钱而疯狂向当地百姓压价。苏轼向皇帝请奏,明确指出这是"以奉二宫之欢耳。然百姓不可户晓,皆谓以耳目不急之玩,夺其口体必用之资"。

摇滚乐是兴起于20世纪50年代的西方音乐形式,而摇滚则代表着一种精神——激进叛逆、不惧权势、崇尚自由。这种精神不分国界,自古有之。屈原很摇滚,因为他坚守节操,宁为玉碎;布鲁诺很摇滚,因为他捍卫真理,敢说真

黄冈

话；鲁迅很摇滚，因为他以笔为矛，勇如斗士……

本是宰相接班人的苏轼，虽因自己的"叛逆"性格屡屡不顺，可还是不改针砭时弊、直言不讳的作风，这难道不摇滚吗？

在湖州做知州时，苏轼又因写了一封给皇帝的谢表而引火烧身。"知其愚不适时，难以追陪新进；察其老不生事，或能牧养小民"，点明他不会跟朝中支持变法的新派同僚合作，也表达了自己对新法推进的不满。"乌台诗案"由此而起，苏轼差点儿死在牢里。

被关了130多天后，苏轼被贬黄州，在东坡荒地上躬耕，自号"东坡居士"以自娱。在享受了4年闲云野鹤般的生活后，他再次被调进京城委以重任，一跃成为正三品的翰林学士知制诰。

身居高位，东坡先生又开始摇滚起来，在他的舞台上"想唱就唱"。这期间，喜欢说真话的他先后惹恼了主政朝局的司马光、章惇等人，于是被一贬再贬，最后被"流放"到了儋州。

海南岛是宋代的蛮荒之地，政敌们想让他在这里自生自灭，可"硬骨头"苏东坡面对大海纵情吼出了"九死南荒吾不恨，兹游奇绝冠平生"的奇迈之句。

摇滚乐有很多风格：乡村民谣、蓝调布鲁斯、朋克、雷鬼、哥特、迷幻、重金属等。假如苏东坡会弹电吉他，他最擅长的肯定是乡村民谣和重金属，因为他的诗词兼具浪漫乡情和豪迈雄放。东坡一生坎坷，他的为官之境和贬谪之地几乎涵盖了大半个中国，如一位行吟歌者，留下了太多传唱千年的经典曲目。

黄州赤壁,是苏东坡给唱火的。在他落难此地之前,李白写过赤壁,"二龙争战决雌雄,赤壁楼船扫地空";杜牧也写过赤壁,"折戟沉沙铁未销,自将磨洗认前朝"。两位大诗人的诗句虽好,但终和"大江东去"擦肩而过,只见东坡在他俩之后举盏高歌:"故国神游,多情应笑我,早生华发。人生如梦,一尊还酹江月。"

《念奴娇·赤壁怀古》早前由轮回乐队改编成了摇滚乐《大江东去》,女主唱吴遥的嗓音燥辣高亢,如穿云箭直达九霄;吉他手赵卫的连复段(riff)层层递进,不羁的音浪就像惊涛裂岸。

2019年"中国好声音",张鹏翻唱了吴遥版《大江东去》,当场震翻评委那英和庾澄庆。如若东坡先生天上有知,看到后人让自己的词变得这么摇滚,肯定会心一笑。

轮回乐队还曾把辛弃疾的《永遇乐·京口北固亭怀古》改编成《烽火扬州路》,这曲子算是中国摇滚史上的扛鼎作之一。苏轼与辛弃疾并称"苏辛",前者的摇滚精神多少影响过后者,比如辛弃疾写的那首《念奴娇·瓢泉酒酣,和东坡韵》就是在致敬前辈,而他的"醉里挑灯看剑,梦回吹角连营"是不是也能看到东坡先生的"演唱"风格?

摇滚精神里面还有一条是"和平与爱"(Peace & Love),它诞生于20世纪70年代西方的反战运动,并由披头士乐队主唱约翰·列侬发扬光大。这和苏东坡的"遗爱精神"亦有合拍之处。

北宋元丰六年(1083),苏东坡作《遗爱亭记》,歌颂

黄冈

黄州太守徐君猷的爱民之道。黄冈师范学院文学院教授方星移说："文章里写'去而人思之，此之谓遗爱'。人走了，老百姓还怀念他，就叫'遗爱'。"

苏东坡爱自己，更爱世人，越在颠沛流离之际，他的这份爱越发深沉厚重，甚至不分时空。2000年，法国《世界报》组织评选公元1001年至2000年间的"千年英雄"，在全世界一共评出12位，苏东坡名列其中，是唯一入选的中国人。

就像《滚石》杂志经常搞的"全球100支最伟大乐队""全球百大吉他手"评选一样，《世界报》那次评选同样很摇滚，但东坡实至名归。

江苏徐州
河南开封
河南平顶山
江苏常州
湖北黄冈
四川眉山

浙江杭州 最闲适得意之处

广东惠州

海南儋州

杭州：苏轼与他传世的西湖画卷

老杭州人都知道，西湖岸边一路前行，沿三台山往灵隐天竺方向，有一条偏僻的山径，这是赤山埠与茅家埠之间的一条小岭，因种大麦而得名"大麦岭"。当年文人游湖后再去天竺，必经此路。

拾级而上，围栏之旁，树立着浙江省级文物保护单位的石碑。旁边是已经观之模糊的石刻，仔细辨别，题有"苏轼、王瑜、杨杰、张璹同游天竺，过麦岭"几个大字。这是北宋元祐年间，第二次到杭州任太守的苏轼留下的"到此一游"。

苏轼曾于熙宁年间和元祐年间两至杭州为官，中间隔着15年的光阴，境遇截然不同。第一次仕杭，他担任通判一职，并无实权，将一腔政治热情倾覆杭州山水。第二次以龙图阁学士知杭州，手握实权，他励精图治，在任期间几乎日夜工作于西湖之畔，是名副其实的"工作狂"。

2023年2月上旬，正是春寒料峭时。浙江省文物局原副局长、西湖申遗专家组组长陈文锦，西湖博物馆总馆馆长潘沧桑，杭州市苏东坡文化研究会发起人谌卫军，分别接受了

杭州

封面新闻"寻路东坡"杭州采访组的专访。在烟雨朦胧的西湖边上,我们聆听了关于这位北宋文豪与杭州的两段深沉的情缘。

杭州与苏轼,他们有幸互相遇见了彼此。

苏轼初仕杭州：苏轼幸有杭州

王安石变法,苏轼对一部分政策是极度不认可的。

> 时安石创行新法,轼上书论其不便,曰:臣之所欲言者,三言而已。愿陛下结人心,厚风俗,存纪纲。人主之所恃者人心而已,如木之有根,灯之有膏,鱼之有水,农夫之有田,商贾之有财。失之则亡,此理之必然也。自古及今,未有和易同众而不安,刚果自用而不危者。陛下亦知人心之不悦矣。
>
> ——《宋史·苏轼传》

王安石主张激进彻底的变革,而苏轼则主张循序渐进、有所保留的变化。苏轼两次上书神宗皇帝,提出与新法不同的意见,但都石沉大海。

熙宁三年（1070）三月,适逢礼部考试,吕惠卿任主考官,苏轼担任编排官。考生为了迎合主考官之意,往往大力赞美新政,神宗皇帝更将一名谄媚新政的考生点为头名。苏轼对此很是气愤,他认为进士策论不应当有如此阿谀奉承的风气,当即写下一篇《拟进士对御试策》抨击这种现象,并再一次批评新政,言辞尤为激烈。

窃见陛下始革旧制,以策试多士,厌闻诗赋无益之语,将求山林朴直之论,圣听广大,中外欢喜。而所试举人不能推原上意,皆以得失为虑,不敢指陈阙政,而阿谀顺旨者又卒据上第。陛下之所以求于人至深切矣,而下之报上者如此,臣窃深悲之……今始以策取士,而士之在甲科者,多以谄谀得之。

——苏轼《拟进士对御试策》

明《王安石像轴》,江西省博物馆藏

苏轼对新法的再三批评和激烈反对引起神宗皇帝的不快,那些原本就想构陷苏轼的人也趁机频繁弹劾苏轼。彼时与王安石交好、负责监察官员的谢景温上奏,说苏轼兄弟在回蜀中治丧期间,利用官船

杭州

贩运私盐。这在当时来说,是一项非常重的指控。

> 安石方恶苏轼,景温劾轼向丁忧归蜀,乘舟商贩。朝廷下六路捕逮篙工、水师穷其事,讫无一实。
> ——《宋史·谢景温传》

神宗皇帝下令核实,朝廷立刻风风火火抓捕以前的船夫和管理水路的官员追查此事,一时闹得沸沸扬扬。苏轼突然蒙受不白之冤,简直百口莫辩,心中对这政治局势失望透顶。谢景温调查此事数月,没有找到切实的证据,但给苏轼心中带来极大的打击。他深感人心险恶,不愿再涉足于此,便自请外放。神宗皇帝原本看重苏轼,为了变法大局,无奈之下,给苏轼选了一处好地方——杭州。

正是在这样的背景下,正值壮年的苏轼至杭州任通判。通判一职虽然也是州府长官,但主要负责一州之内的粮运、水利和诉讼等事项,并无实际大权。幸运的是,他与杭州太守陈襄政见相合,一见如故,和谐的"上班氛围"是苏轼这次任职杭州时惬意自如的原因之一。

30多岁,正值壮年,心中的一腔抱负无法施展,在苦闷之时遇见了杭州名胜,彼时的苏轼是幸运的。虽有苦闷,但美妻在旁,次子苏迨刚出生不久,家庭和美,加上同僚朋友众多,杭州繁华的风景浸润着他的身心。

熙宁四年(1071)十一月下旬,苏轼抵达杭州,立刻就被杭州旖旎的自然风光治愈了。苏轼第一次到任杭州期间,写下了大量咏叹这座城市的诗篇,尤其是对西湖的赞美,无

［清］焦秉贞 《西湖图》

杭州

人能出其右。千古名篇《饮湖上初晴后雨》正是写于这个时期。

> 水光潋滟晴方好，山色空蒙雨亦奇。
> 欲把西湖比西子，淡妆浓抹总相宜。

从此，"西子湖"一度成为西湖别称，可见其影响之大。

今天的西湖畔——杭州凤凰山麓，正是北宋时期杭州的府衙所在，苏轼当年就在这凤凰山上居住和办公。在谌卫军的带领下，我们登上凤凰山，沿着山间小道一路走到了西湖边，亲自体验了一番苏轼当年的"上班路"。

苏轼往返湖山之间，给今日的杭州留下了不少景点。有美堂正是当年他喜欢去的地方之一，因宋仁宗赞美杭州时，写有"地有湖山美，东南第一州"，因此得名"有美堂"。有美堂处于凤凰山顶，左可以俯瞰钱塘，右可以眺望西湖，是一处登高望远的绝妙之处。

苏轼与友人常常流连于此，留有《有美堂暴雨》《会饮有美堂，答周开祖湖上见寄》等众多诗篇。其中《有美堂暴雨》一诗尤为壮美：

> 游人脚底一声雷，满座顽云拨不开。
> 天外黑风吹海立，浙东飞雨过江来。
> 十分潋滟金樽凸，千杖敲铿羯鼓催。
> 唤起谪仙泉洒面，倒倾鲛室泻琼瑰。

谌卫军带领采访组在凤凰山游览一番,彼时天空阴沉,似有大雨将要来袭,宛如苏轼笔下"暴雨"之景。行走在凤凰山间,尤为感动。

北宋时期的杭州城热闹非凡,无怪乎被称为"东南第一州"。钱塘江观潮,乃是杭州自古到今的一桩盛事。这样大气开阔的场景,与心胸辽阔的苏轼正是相投。在《八月十五日看潮五绝·其二》中,苏轼写道:

万人鼓噪慑吴侬,犹似浮江老阿童。
欲识潮头高几许,越山浑在浪花中。

潮水汹涌,浪花拍岸,涛声震天中,苏轼仿佛看到了一支支训练有素的军队,彼时的震撼真是难以想象。

游湖、观潮、赏花……在这些快意人生之外,苏轼在这个时期尤爱结交僧侣,遍游杭州寺庙。

在他抵达杭州之前,就曾听老师欧阳修盛赞过杭州的名

杭州

[南宋]马麟 《荷乡清夏图》

僧惠勤。于是到杭州仅三日，他便到孤山拜访了惠勤和尚，并留下《腊日游孤山访惠勤惠思二僧》，其中有句：

> 天欲雪，云满湖，楼台明灭山有无。
> 水清出石鱼可数，林深无人鸟相呼。

那是一个大雪将落未落的日子，亭台楼阁时隐时现，山径深幽盘旋。苏轼感到由衷的喜悦，将曾经朝堂上的不快瞬间抛诸脑后。

杭州是个繁华地，古刹名寺众多，也有不少才学与佛学皆通达的得道高僧隐居于此。苏轼成长在一个佛学氛围浓厚的家庭，尤其是母亲程夫人笃信佛教，给苏轼留下了深刻的印象。

徽宗建中靖国元年（1101），苏轼临终前居住于常州孙氏馆，彼时他已无法起床行走。有两名友人陪伴在他身侧，一是常州本地人钱世雄，另一位则是从杭州赶来的径山寺长老维琳，可见他与杭州僧侣之间恒久的情谊。

由此之故，苏轼总说自己前世就与杭州结下了缘分。潘沧桑馆长讲述了一个流传于杭州民间的故事。一次，苏轼与朋友游览杭州寿星寺，两人刚进寺院，苏轼就停下了脚步，说道："我是生平第一次走进这里，但为何总觉得这里的样子如此熟悉，好像在此生活过？"他走到一处台阶前便同友人说："若我没记错，从这里到忏堂当有92级台阶。"友人派人一数，果然如此。

诗作《送襄阳从事李友谅归钱塘》中云："居杭积五岁，自意本杭人。"苏轼前后两次一共在杭州做官约五载，按他与杭州本已结缘的想法，他前世已是杭州人。

今人学习和认识苏轼，是从他留下的惊世词作开始的。如"十年生死两茫茫，不思量，自难忘"，如"大江东去，浪淘尽，千古风流人物"，再如"明月几时有，把酒问青天"。每一篇每一句皆是石破天惊之语，几乎家喻户晓。

从目前留存的苏轼词集能推测出，正是在杭州任通判期间，苏轼开始填词。

词乃小道、"诗余"，宋代文学在如今虽以词称颂，但不可否认的是，在北宋士子心中，词是文人间的游戏，仕途大道，无人以词闻名。因此乃有"奉旨填词"的柳永，"凡有井水处，即能歌柳词"。没有些闲情雅趣，谁会去写词？是谓"余事作词人"。

作为一种消遣性的文学游戏，词从诞生之初，就多写男女情事、宴会游乐，题材狭窄，格局较小。自欧阳修、柳永、张先以来，词的内容开始向更加广阔的生活领域延伸，

［清］张若霭 《西湖全景图》

格局稍加打开，但归根结底，总是脱离不出"小道"的藩篱。可以说，是苏轼以壮丽的气魄为词坛注入了新的力量，拓宽了词的意境，改变了词的风格，使词与诗并提。

在杭州，苏轼拿起他早已娴熟的诗笔，正式登上了北宋词坛。此后余生，颠沛流离，每一个或得意或失意的时期，总有一首词能抒东坡怀，慰今人意。

据资料显示，这一时期，苏轼创作有词作约40首，可以说是"试笔"。但是彼时已经名震文坛的苏轼哪怕只是初尝词作，也已经展示出以诗入词的老道与境界的广阔，为后期在密州、黄州达到文学巅峰定下了极高的基调。

杭州的山水皆柔软，山不高，尤为平易近人；水至清，特别沁人心脾。苏轼行走在西湖之畔,衔觞赋诗,登山漫游,访古刹、览山河柔情,一步一景,皆可入于诗情文章。文豪大才遇上如此胜景,方有如今的彼此成就。

这一时期,苏轼的词作虽与传统词作的区别并不大,但是词风已经明显表现出新的倾向,即不再流连于情事与闺音,而是抒发自己的内心世界。

潘沧桑提到,苏轼首次到任杭州时,与他的上级太守陈襄观念相契,相处尤为融洽,建立了深厚的友情。熙宁七年(1074),陈襄即将离任,苏轼为陈襄写下的一首首送别词作,是他这段时期写词的集中体现。

宋人傅干《注坡词》是苏轼词的第一个注本,也是苏词最重要的注本之一。其中记载有多首苏轼送别陈襄的词作,如《虞美人·有美堂赠述古》一词:

湖山信是东南美,一望弥千里。使君能得几回来?便使尊前醉倒、且徘徊。

沙河塘里灯初上,《水调》谁家唱。夜阑风静欲归时。惟有一江明月、碧琉璃。

傅干注详细交代了苏轼写这首词的前因后果:

《本事集》云:陈述古守杭,已及瓜代,未交前数日,宴僚佐于有美堂。侵夜月色如练,前望浙江,后顾西湖,沙河塘正出其下。陈公慨然,请贰车苏子瞻赋之,即席而就。

还有《南乡子·送述古》一词：

> 回首乱山横。
> 不见居人只见城。
> 谁似临平山上塔，
> 亭亭。迎客西来送客行。
>
> 归路晚风清。
> 一枕初寒梦不成。
> 今夜残灯斜照处，
> 荧荧。秋雨晴时泪不晴。

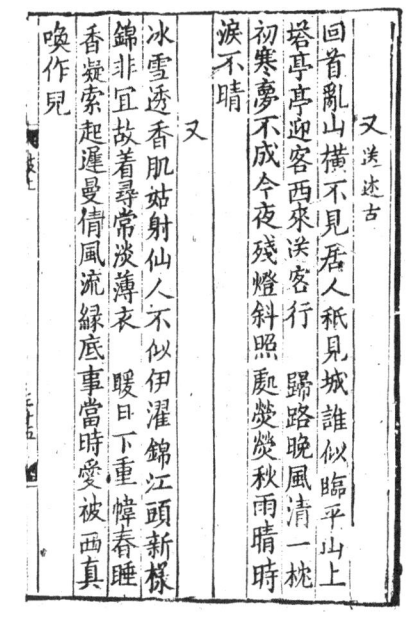

《东坡乐府》中《南乡子·送述古》一词

这一系列送别词在苏轼众多的词作中虽不瞩目，却集中展示出了苏轼前期词作的倾向和追求，逐渐打破传统词作的束缚，开创了整个宋代词学的新天地。

"那是否意味着，苏轼到杭州以前对写词毫无兴趣，在杭州时突然就开始创作词了呢？"带着这样的疑惑，我们请教了潘沧桑、谌卫东等几位专家学者。他们均认为，苏轼对写词的兴趣应该早有苗头，只不过彼时他初入朝堂，生活的重心都在都城附近，心中想得更多的仍是家国事，所以一直没有心思和精力过多游玩，直到他带着失意的心情来到杭州。

在《与子明兄》中，苏轼曾写道："记得应举时，见兄能讴歌，甚妙。弟虽不会，然常令人唱，为作词。"因为堂兄子明能写词而歌，令苏轼十分羡慕。或许从中也能看出苏轼早年就对填词颇有兴趣。

虽然从后世来看，苏轼对杭州的贡献主要集中在他第二次到杭州任知州期间，但也不能否认苏轼第一次通判杭州时，为治理杭州、造福百姓所做出的努力，这集中体现在他对杭州六井的治理上。苏轼有文《钱塘六井记》，记述了六井的历史由来和治理六井的全过程。

钱塘江对于杭州人来说是赖以生存的水源，但是一直以来水质苦涩，严重阻碍了市民的生活生产。唐德宗建中二年（781），杭州刺史李泌建造了六口井，将西湖水引入井中供百姓使用。其后，白居易任职杭州时，于唐穆宗长庆四年（824）重新对六井进行了疏浚。但是到苏轼通判杭州时期，时间已经相隔很久远了，六井荒废，杭州百姓再一次陷入饮水难的问题中。

陈襄到任后曾在市民中调研，大家都说，若六井不治理，饮水问题就无法得到解决。陈襄和苏轼随即着手治理六

杭州

[清]王原祁 《西湖十景图》

井,在实地考察后找来懂行的人制订方法,重新对六井进行了疏通,很快便让六井焕然一新,解决了杭州居民饮水难的问题。

在《钱塘六井记》中,苏轼还记载了一件喜事:疏通六井后的第二年,江淮地区大旱,许多城市都喝不上水。唯有杭州依靠新修缮的六口井,不仅有干净的井水可饮,还有充裕的水可以用于洗澡甚至喂养牲畜,这是何等的幸运!杭州百姓由是万分感念陈襄和苏轼两位好官。

苏轼再仕杭州:杭州幸有苏轼

离开杭州后,苏轼到任密州,词风为之一变。以词写诗情,奠定了他在词坛的地位,既有"十年生死两茫茫"的柔情,也有"左牵黄,右擎苍"的豪放。湖州一行,最是痛心。元丰二年(1079)七月,"乌台诗案"爆发,时任湖州知州的苏轼被捕入京,经受苦难折磨130余日后,才被押解出狱至黄州。经历了绝望,苏轼重新拾起人生脉络,三咏赤壁,豪情壮志不减。

庙堂之上，政局翻云覆雨。元丰八年（1085），重回开封的苏轼从六品一路升至三品。然而朝政纷争实难如意，"二年之中，四遭口语"，在不断的派系斗争中，苏轼接连遭到弹劾。令他更难以忍受的是，由他所举荐之人，如黄庭坚、欧阳棐、王巩、秦观等也受到了不小的牵连，"皆诬以过恶，了无事实"，"臣不若早去，必致倾危"。经过多次上书请求，元祐四年（1089）三月，朝廷终于批准苏轼以龙图阁学士的身份出任杭州知州，兼浙西兵马钤辖。由此，杭州也就成为苏轼仕途中唯一一个曾两次到任的城市。

虽然苏轼第二次到杭州任职的时间不足两年，但对于杭州百姓而言，意义却是远高于第一次。

第二次来杭期间，杭州给了苏轼休憩、整理身心的地方。这里的江南山水、西湖美景治愈了苏轼的精神世界，让他咏出"居杭积五岁，自意本杭人"，把杭州当作自己的第二故乡。而苏轼也为杭州做了不少实事，其中大多与杭州的城市建设和改善百姓生活质量有关。这些建设对杭州的影响至今仍旧存在。曾经的杭州百姓对待苏轼，是"家有画像，饮食必祝，又作生祠以报"。杭州百姓家中都有东坡画像，吃饭前必祝祷。苏轼离任后，杭州人为他修建生祠祈祷，可见其备受爱戴。如今，杭州百姓每每提到苏轼都会说，若没有东坡，就没有今日的西湖和杭州。

苏轼于元祐四年（1089）七月三日抵达杭州。在他此前出任杭州通判时，就曾经修葺过杭州官居，监管疏浚过西湖六井。因此当他再度到任杭州，这里是"江山故国，所至如归；父老遗民，与臣相问"。

二任杭州的苏轼，已经经历了太多的波折。陈文锦形容道："他仿佛知道自己在这里待不了多长时间。"苏轼七月到任杭州，十月便已经考察完水利情况，开始兴工疏浚运河。此时，杭州城内运河的淤塞问题已经格外严重。因为西湖葑草淤积，湖水减少，运河之水改引钱塘江水入河。可钱塘江水多泥沙，久而久之便淤积于河道之中，导致运河干浅，船只出入艰难，谷米薪刍亦缘此暴贵。

运河一旦淤塞，首先面临的就是交通问题。三五年不疏浚运河，水浅是必然的，导致运河上的船只难以行驶，"有数日不能出郭者"。

但如果开通运河，同样问题重重。运河一旦开始疏浚，劳民是肯定的，而且开工后，还会影响城中市肆的正常运作。部分豪绅官吏便以在百姓住所放置淤泥、排放泥水为由，趁机恐吓百姓以赚取利益。而疏浚运河清理出来的淤泥、需要引流的泥水，如果运往城外，则浪费人力物力；官员往往还是将其堆放在城内，占据百姓住处。这样一场疏浚下来，"则房廊邸店，作践狼藉，园囿隙地，例成丘阜"。且过不了多久，大雨一冲，污水污泥又入河中，再反复疏浚，百姓不厌其烦。如此疏浚运河的成本之高，于民生来说是本末倒置。

苏轼到达杭州以后看到这样的情景，便下定决心要疏浚运河。在带领僚属实地考察后，苏轼选择疏浚连接钱塘江和大运河的茅山河、盐桥河。他带领上千人，从元祐四年（1089）十月开始动工，至次年四月便完工。老人们纷纷称赞道："自三十年以来，开河未有若此深快者也。"但遇涨

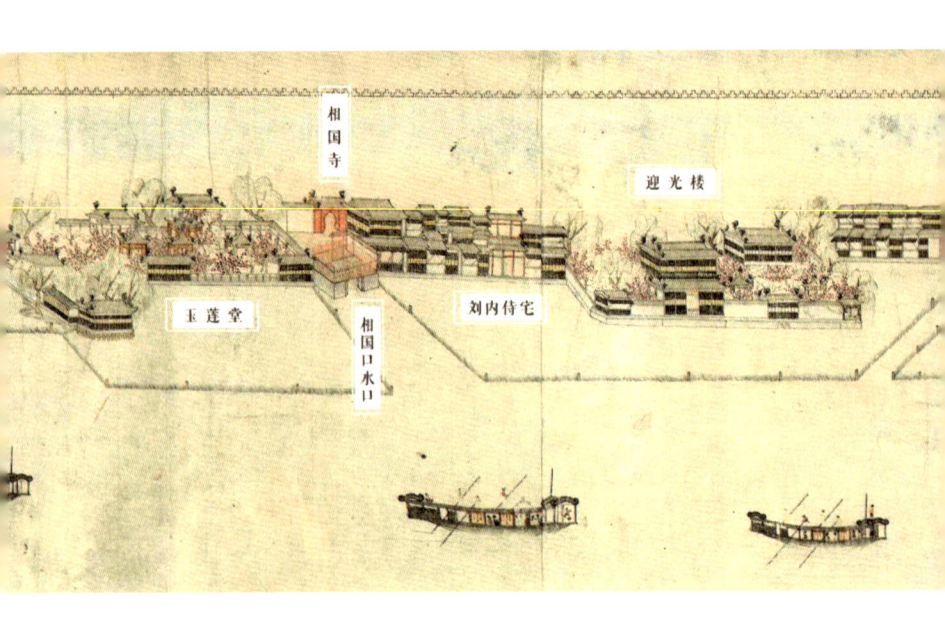

潮之际，海水裹挟着泥沙倒灌，河水浑浊依旧。眼看着过不了三五年，所有的努力都将白费，苏轼忧心不已，愁容满面。当时临濮县主簿监杭州在城商税苏坚提出了一个办法。

茅山河和盐桥河连接着钱塘江与大运河，其中盐桥河流经城内，而茅山河则绕至城外。苏坚给苏轼出的主意是：在南边两河交汇的钤辖司设置一个闸门，涨潮时就关闭闸门，让钱塘江水在茅山河流一两个时辰，待澄净后引入盐桥河，再入城中。这样一来保证了水源干净，使得百姓免受泥沙淤塞之苦；二来茅山河位于人户稀少的地方，即使再有淤塞，清理起来也不会扰民，且淤泥也有堆积的地方。

在苏轼交往的友人中，有不少人深通水利之道。在他初次到杭州的时候，就曾有四名僧人帮助他治理过六井。这四名僧人是彼时的知州陈襄向他推荐的：仲文、子珪、如正、思坦。在四人的帮助下，苏轼成功疏浚了六井，又尤以其中

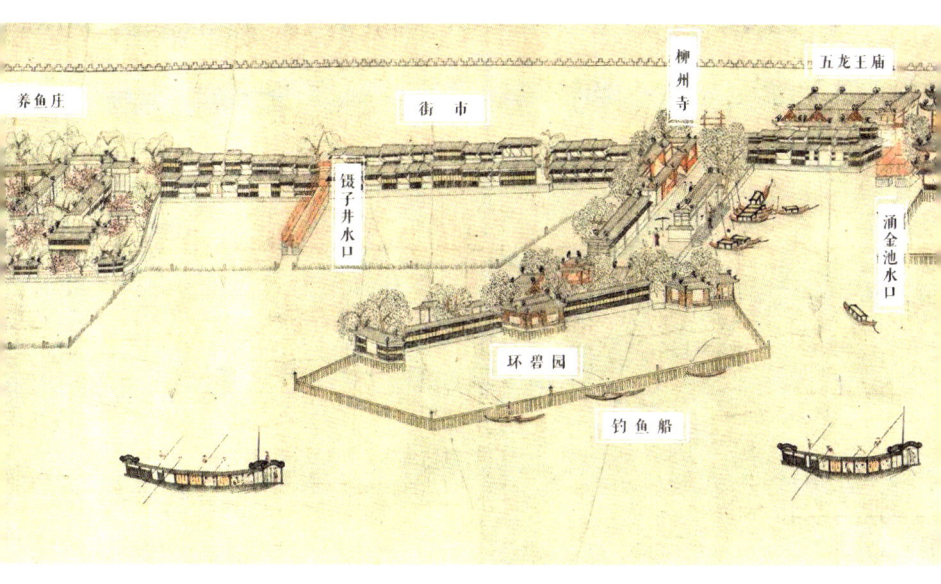

《西湖繁胜全景图》（局部）

的沈公井最为重要。

时隔15年，苏轼再次回到杭州，沈公井再次枯涸，"居民去水远者，率以七八钱买水一斛，而军营尤以为苦"。于是苏轼再次找到子珪，请他出谋划策。

子珪说，此前修葺使用的是竹管，时间一久，竹管极易毁坏。不如改为使用瓦筒，在瓦筒下方再盛以石槽，底盖坚厚，严丝合缝，也不易毁坏。在子珪的指导下，苏轼再次疏通六井，又重新挖了两口井，引入西湖水，"西湖甘水，殆遍一城，军民相庆"。

"他在水利上非常有建树。除了他本人有在徐州抗洪的经验外，他的行政能力很强、办事细致、会用人，也是原因之一。"陈文锦如此评价苏轼的为官之道。

治水，是古代为官的重要政绩，也是皇帝评定大臣功绩的重要标准。苏轼两次来杭，两次都与江南水打交道。潘沧桑说，在杭州本地水利史上，甚至可以将苏轼比作大禹。

苏轼的治水才能还体现在西湖疏浚的工作上。也正是因为这一点，后人才将苏轼与西湖牢牢地关联在一起。可以说，没有苏轼，就没有如今的杭州西湖。

在苏轼之前，还有两个人在杭州的水利史上留下了名字，分别是唐代的李泌和白居易。

李泌在杭州担任刺史的时候，发现杭州的百姓几乎都是靠山临湖而居，而丘陵地区则限制了农业和城市规模的发展。这是因为杭州本就是冲积平原，还是钱塘江的入海口。一旦涨潮，海水倒灌，井水就变得又苦又咸。而西湖的水和山上的泉水则甘甜可口，为了取水方便，百姓自然临湖靠山而居。唐建中二年（781），李泌着手相国井、西井、方井、金牛井、白龟井和小方井这六井的修建工作。李泌以暗渠的方式将西湖水引入六井之内，大大改善了当时杭州百姓的生存环境，并且将人口引入东部平原，为杭州这座城市的发展做出了巨大的贡献。

而在李泌之后，白居易同样对六井和西湖有过治理。如今杭州西湖上的白堤，就是当年白居易治理西湖的证据之一。

但他们的治理都没有像苏轼那般特别。苏轼不仅仅完成了治理、疏浚的工作，更在其中加入了美学的概念，这在当时是创新之举。"西湖景观美学的创造，要从苏轼这里才正式开始。"潘沧桑说道。可以说，苏轼不仅是在为一世的百姓做事，还做了长远的考虑和打算，更有艺术家的气质。

苏轼一任杭州时，留下的"欲把西湖比西子，淡妆浓抹

杭州

总相宜"的传世佳句,被人们誉为西湖最好的宣传语。但当苏轼二度到任杭州时,西湖已然失去了这种颜色。

长期的治理疏忽,导致西湖湖底水草茂密。加上百姓在湖边种植葑草,即现在所说的茭白,葑草的草根与淤泥紧绕在一起,久而久之便占满了西湖。苏轼初次来杭时,葑草不过占了西湖面积十分之二三的样子;十六七年的时间过去了,湖中的葑草已是"堙塞其半"。苏轼痛心疾首:"更二十年,无西湖矣。"

苏轼立即上书朝廷,陈列出五个理由,申请治理西湖:一是为皇上祈福,二是为了百姓的饮用水,三是为了灌溉之利,四是为了运河交通之便,五是因为"天下酒税之盛,未有如杭者也,岁课二十余万缗",而这发达的造酒业,仰仗的就是西湖之水。试看这五条理由,为民,也为朝廷和执政者,有理有据。除此之外,苏轼还细数了目前能够用于西湖治理的支出。因此,朝廷也就批准了苏轼的请求,同意他治理西湖。

"目下浙中梅雨,葑根浮动,易为除去。及六七月,大雨时行,利以杀草,芟夷蕴崇,使不复滋蔓。又浙中农民皆言八月断葑根,则死不复生。"留给苏轼治理西湖的时间是非常紧迫的,实际上,他甚至来不及等到朝廷批复"专项资金"便开始动工。苏轼于元祐五年(1090)四月二十八日兴工疏浚西湖,九月便完工,保证了西湖之后近百年的生态环境与杭州城内百姓的水源。

"使杭州而无西湖,如人去其眉目,岂复为人乎?"苏轼在《杭州乞度牒开西湖状》中如此描述西湖之于杭州的重

[南宋]叶肖岩 《西湖十景图之苏堤春晓》

要性。也正是因为他，杭州留住了"眉目"。

如若只是疏浚，苏轼对杭州的影响尚不能达到如今的重要程度，也不足以成为治理水利的标杆。更重要的是，他在疏浚西湖的同时，开了西湖人工治理与景观营造完美结合的先河，直接促成了"西湖十景"之首"苏堤春晓"及另一个景致"三潭印月"的形成，最终形成了西湖"两堤三岛"的格局。

疏浚西湖最难之处在于，清理出来的淤泥应该如何处理。堆放得远了，会浪费劳动力，徒增工期，加重百姓的负担。可看看近处的西湖，哪里有地方堆放淤泥呢？苏轼想出了一个妙计。陈文锦介绍说，苏轼取用了杭州赤山含铁量高的土，拌上切碎的葑泥，建起了长堤。这条长堤南起南屏山，北至栖霞岭，横跨了西湖的南北两岸。从此之后，人们

［元］佚名　《西湖清趣图》（局部）

再也不用绕湖而行了。

"说到苏轼疏浚西湖，修建苏堤这一点是最突出的。"陈文锦说道，"这是化废为宝的方法，一方面为葑泥找到了出路，另一方面又解决了西湖南北交通的问题，还提供了一条在湖中央赏西湖的途径。这是以往从没有过的。"

"到宋代的时候，西湖的形象已经定格了，'三面云山一面城'的格局和雷峰塔都已经有了。如果没有这条长堤，水面看起来就没有层次感，无法与其他浩渺的湖泊区别开来。建了长堤以后，就有了一条很好的分界线，与孤山、西泠桥等景观形成了'重湖叠巘'的审美概念。"潘沧桑这样解读苏堤之于西湖的重要性，"人人都说，西湖美却难

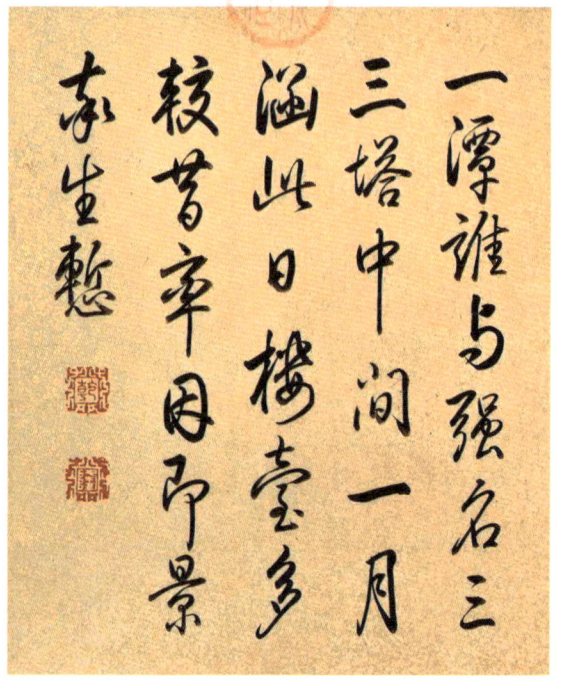

一潭谁与强名三
三塔中间一月
涵此日楼台多
较昔辛因印景
东生憨

［南宋］叶肖岩　《西湖十景图之三潭印月》

以描摹，可苏轼在千年前就已经敏感地捕捉到了西湖美的规律。"

退田还湖，苏轼的思虑是周全长远的。既然将百姓的葑田还为水面，自然还要为百姓的生计留一条路。他引导百姓在西湖中种植菱角，因为种植菱角之前，必得清理淤泥。他还在西湖之中立起三座小石塔，以此为界。石塔以内的水面，不得侵占种植，一旦违背，将处以罚款。后来，这些石塔便逐渐演变成"西湖十景"中的"三潭印月"，留存至今。

"我凿西湖还旧观，一眼已尽西南碧。"当苏轼看到西湖治理的成果，既欣喜，又欣慰。

陈文锦和潘沧桑两位学者都着重强调了苏轼修建苏堤的创新性和重要性。陈文锦认为，苏轼将"市政工程"与景观建设结合，是具有突破性的首创。潘沧桑则认为，苏轼在保持西湖原样的基础上进行改造，还融入审美和哲学的思想，给后世树立了一个很高的标杆。

西湖的疏浚需要退田还湖，这不免会触动很多人的利益。"史料没有记载苏轼因为疏浚西湖而被弹劾或者打压，这跟他施政的智慧是有关联的。"潘沧桑介绍，这样的结果一是跟苏轼作为文坛领袖有关，二是因为他官职不低。但陈文锦与潘沧桑共同认为最重要的原因，还是他"为民"的出发点。

"比如画扇断案，苏轼也不是分个对错就完了，他给出的是解决方法。他把案子当成自己的事情来处理，这是很亲民的方式。"陈文锦说。"画扇断案"的传说，在杭州市民间流传着。

苏轼任职杭州的时候，曾经巧妙地处理过一桩纠纷案。有一名商人，年前曾经赊账购买过二万贯钱的绫绢用来制作扇子。结果该商人家中突遇白事：其父亲去世了。又遇天公不作美，来年春寒不尽，连雨天寒，制作好的扇子一把也没有卖出去，因此也就没有收入用来还债。售卖绫绢的商人便将卖扇子的商人告上了公堂。

面对这样一桩棘手的案子，苏轼也发愁了。自古以来，欠债还钱乃是天经地义，可这卖扇子的商人确实拿不出钱，难道要逼他变卖家产吗？苏轼看着这一堆扇子思考了许久，想出一个主意。他让这个卖扇子的商人取来白团夹绢二十扇，就着扇面挥墨执笔，作了书法和枯木石竹的画作。然后苏轼对着商人说道："你现在出去卖掉它还债吧！"商人抱着扇子，哭着道谢而去，一出门便卖了个精光。人们争相以千钱购买一扇，还有来晚了没有买到的人，拍着大腿懊恼不已。"画扇断案"的美谈也就流传了下来，宋人何薳所著《春渚纪闻》中就有相关的记载。

元祐五年（1090）七月十五日，苏轼到任的第二年，他向朝廷递上了《奏浙西灾伤第一状》，上奏了浙西的灾情。去年杭州的米价上涨至每斗八九十文钱，今年正月以来虽然日渐减落，但是五、六月间又遇大雨不止，太湖泛滥，米价再次上涨至每斗百钱。更严重的是，眼看着今年的水稻将要成熟，却遭此灾害，必定又会影响今年的收成。生活在此的百姓，往往是用借贷的钱投入到自家田耕中，以田中的收成来还贷。如此一来，百姓明年的收入，也没有了着落。

苏轼认为，这样下去"气力衰耗，恐难支持"，他不

杭州

顾自己作为杭州知州的政绩,接连上奏朝廷《奏浙西灾伤第二状》《申明户部符节略赈济状》等。在苏轼的一再请求之下,朝廷终于准奏,拨粮、赐度牒以赈灾,并减少了杭州当年的上供米,百姓得以度过灾年。

陈文锦评价道:"如果说司马光是专家型,那么苏轼就是行政型的。"

苏轼曾经写道:"问汝平生功业,黄州惠州儋州。"词中并未提到杭州。实际上,苏轼在离开杭州后,确实也不曾频繁提及杭州,但不提及不代表不重要。潘沧桑认为,黄州、惠州、儋州三地,是苏轼的磨难之地,是需要他"超然于外"的地方,对他人格的塑造尤为重要。"但他内心真正爱的是什么,这也非常重要。"正因为杭州和常州给予苏轼的是挫折之后的温暖和慰藉,因此这两个地方对于重走东坡路来说也非常重要。

"杭州对于苏轼来说,是一个精神归宿,他也在很多诗文中表达了这种想法。"离开杭州后的第二年,苏轼在《送襄阳从事李友谅归钱塘》中写道:

> 居杭积五岁,自意本杭人。
> 故山归无家,欲卜西湖邻。
> 良田不难买,静士谁当亲。
> 髯张既超然,老潜亦绝伦。
> 李子冰玉姿,文行两清淳。
> 归从三人游,便足了此身。
> 公堤不改昨,姥岭行开新。

幽梦随子去，松花落衣巾。

在杭州居住了仅仅五年不到的时间，苏轼已经自认为是杭州人。"归从三人游，便足了此身"一句，表达了苏轼希望在西湖边了却余生的想法。潘沧桑认为，这是苏轼在主观上认为西湖是他的心灵归宿的表现。

"前生我已到杭州，到处长如到旧游。"第一次来杭，苏轼就立刻感受到了自己与杭州相合的气场。对他来说，这可能是人生中最闲适得意的生活了。在这里，他无须曲意奉承他人，所遇的大都是心气相投的人。他常与友人结伴出行，看三秋桂子，十里荷花，同游山水，共饮佳酿。因此，苏轼第一次到杭时留下了不少诗篇。"有些人说苏轼是被贬，其实是不对的，他是自请外放。可能朝廷也确实惜才，才让他来了经济发达的杭州。"潘沧桑说，"况且苏轼可考的第一首词，就是在杭州创作的。当时，词并不是主流的文学类别，而是一种休闲的创作。所以，他的状态应该是比较放松的。"

而第二次来杭时，即便已经经历了"乌台诗案"，苏轼也没有放弃为父母官的责任。他居住在当时的州治所在地凤凰山，工作在西湖湖畔，每日都不得闲，甚至没有太多的时间用来写诗填词。他为官亲和，凡事为民，短短两年不到的时间，就为杭州百姓做了太多实事。苏轼在此地实现了他为官的抱负，这是杭州的幸运。

两次来杭都在挫折之后，苏轼倒也还能自得其乐，潘沧桑将其解读为文人表象之后的刚毅："他的外表是文人化的，诗、酒、花、茶他都非常精通。但是他内心是有核心的，有刚毅的东西在。"

这与西湖的特质是相同的。"你看西湖表面是江南水乡，烟雨朦胧的美景，可能很多人觉得它就是一个美丽的湖泊。但它内在的核心并不在此。西湖是人类对于环境不断追求的结果，是人在主观上不断努力的成果。西湖的内核其实与苏轼是相通的。"潘沧桑如此说道。

苏轼，唯取江上清风、山间明月的一个人

苏轼写过许多关于西湖的诗，人人都知苏轼爱西湖。他写春天的西湖，"春入西湖到处花，裙腰芳草抱山斜"；初夏的西湖是"欲把西湖比西子，淡妆浓抹总相宜"。白天的西湖"旋折荷花剥莲子，露为风味月为香"，让他休闲放松；夜晚的西湖"渐见灯明出远寺，更待月黑看湖光"，让他生发哲思。陈文锦说，二任杭州时，苏轼几乎每天都在西湖边工作。他与友人一起出游、写诗，大都也在西湖附近。

"我觉得杭州跟他的缘分很深，他对杭州的山水也非常依恋。"陈文锦这样看待苏轼与杭州之间的缘分。但苏轼与其他想要将西湖"私有化"的人不同。"他对于西湖是没有私心的，也不想将其占为己有。苏东坡是一个有宇宙型胸怀的人。他只喜欢取之无尽、用之不竭的'江上之清风，与山间之明月'。"

陈文锦认同李泽厚曾经评价苏东坡的一句话"苏东坡生

［南宋］陈清波 《湖山春晓图》

得太早",但是对于李泽厚的后半句"他没法做封建社会的否定者",陈文锦是不同意的。他反而觉得,苏东坡对人生的觉悟、人性的理解的高度,自魏晋之后也就此一人。"我们看到苏东坡有些感慨,有些忧伤,但其实根本不是这么回事。他还要'小舟从此逝,江海寄余生'呢!"

在陈文锦看来,苏东坡其实代表了中国人积极向上的一种精神面貌。苏轼在杭州动员民众退田还湖、疏浚西湖、修建苏堤,包括他在当地留下的美谈"画扇断案"这些事情,都体现了人们对苏轼人格魅力的认可。这也是因为苏轼本身就把为国为民作为办事的出发点。

而离开杭州之后,苏轼也没有再提及过自己在杭州的政绩。陈文锦认为这同样体现了苏轼的"宇宙型胸怀":"他

杭州

在杭州有这么多功绩,但他离开后再也没提到过,有种'深藏功与名'的感觉。"

在苏轼独特的人格魅力这一点上,潘沧桑有着同样的看法:"苏轼是超脱的。他遵循的是内心对社会公理的追求,而不是个人的诉求,这种思想的层面与其他人是不一样的。"

苏轼因"乌台诗案"被捕入狱后,在《己未十月十五日,狱中恭闻太皇太后不豫,有赦,作诗》中写道:"只应圣主如尧舜,犹许先生作正言。""正言",说明入狱近两个月的时间,苏轼仍旧认为自己所写所想的并非"诽谤",而是为国为民的言论。"他依然认为自己是赤胆忠心的。在那么危急的情况下,很多人都会采取一种逃避或者编故事的方法来减轻自己的罪责,但苏轼没有。他严格遵循自己内心的追求,这是很难得的。"

"乌台诗案"后,苏轼也曾有过一段苦闷的日子,他回想起这段经历是"留诗不忍写,苦泪渍纸笔"。但这种情绪很快就过去了,苏轼将眼光转向了更广阔、深远的地方。他在黄州所写的《赤壁赋》,就体现出了这种超然与哲思:"盖将自其变者而观之,则天地曾不能以一瞬;自其不变者而观之,则物与我皆无尽也,而又何羡乎!"人生短暂而天地永恒,一时的苦闷并没有困住苏轼,反而让这种超脱和释然的精神永存。

采访手记

寻路西湖畔，明月清风我

一个人在某个领域太过突出，往往会让人忽略他在其他领域的成就，苏轼或许就是如此。尤其对中文系学子而言，被诗词文赋填充的"苏海"已经足够浩瀚，无暇顾及他物。但在杭州，我们寻路小分队见到了一个文学世界以外的苏轼，杭州人民亲切地称呼他为——"老市长"。

2023年2月上旬，"寻路东坡"小组抵达杭州。苏轼曾两次到杭州任职，一次是熙宁年间，他正值壮年，尚未经诗案之苦，因与王安石政见不合，自请外放。皇帝惜才，为他挑选了一个繁华的好地方，到杭州任通判。职位不高，事情也不多，原本为仕途困扰的苏轼在这里待了将近3年，内心被深深治愈了，游山玩水不亦快哉，留下了大量文人雅趣故事和传诵至今的名篇。

但最为杭州市民津津乐道的，是苏轼第二次到任杭州。不到2年的任期内，他通了运河，疏了西湖，建了苏堤，解决了城市用水问题。百姓对他的爱戴遍布于史册，字里行间皆是情深义重。

抵杭第二日上午，我们在西湖边上的中国茶叶博物馆采

杭州

访了将一生奉献给西湖的学者陈文锦,他曾是西湖申遗专家组的组长,对西湖的历史脉络和人文底蕴最为清楚。

作为杭州人,陈文锦对西湖的感情很深。因着苏轼对西湖的千秋功绩,他惋惜于苏轼在政治上的止步,并若有所思地说:"在治理上,司马光真的不如苏轼,若苏轼能成为当朝宰相,北宋格局或为之一变。"

提及西湖治理,还有一人不得不提,乃是唐代大诗人白居易。陈文锦一顿分析后,直言道:"论对西湖的功绩,白居易也不如苏轼。"我们赶紧说道:"陈老,切不可'捧一踩一'。"语毕,陈文锦从包里掏出一本书要赠予我们,正是他亲自编写的《白居易西湖诗全璧》。大家相视而笑。

此番对话只为证明,西湖边上,可以谈论的历史文化名人很多,政局之上,苏轼的竞争对手也不少,但要论及才干能力,文学世界以外的东坡,不遑多让。

下午,在杭州市苏东坡文化研究会发起人谌卫军的带领下,我们重走了苏轼当年的"上班路"——沿着北宋年间的州治所在地凤凰山,一路向下来到西湖边。懂杭州的人会说,虽然杭州以西湖闻名全球,但杭州在水更在山。凤凰山、玉皇山在西湖边上绵延开来,水的柔情晕染山的厚重,这是杭州的特色,也是北宋年间对杭州爱得深沉的苏轼的格局。

杭州苏东坡纪念馆就建在苏堤入口处。这里的砖瓦、竹叶似乎都因东坡显得格外清雅,白墙竹影,西湖野鹤,相映成趣。走入采访间,落地窗外即是平静的湖面和不远处的青山。当日下起了淅沥的小雨,真真就是苏轼笔下的"山色空蒙雨亦奇"，让人即便思绪纷扰，也有足够的力量自我平静。

苏轼两次到杭州，皆因开封朝堂纷杂事，自请外放。我们总在感谢东坡留给后世无限的精神宝藏，一番寻觅后不难发现，是杭州给了他豁达的底气，将他的愁苦与烦忧深深安放。

元祐五年（1090）秋，苏轼与同僚兼好友袁公济同游西湖山水，有词《点绛唇二首》，其一写道：

> 闲倚胡床，庾公楼外峰千朵。与谁同坐？明月清风我。
> 别乘一来，有唱应须和。还知么，自从添个，风月平分破。

其中"与谁同坐？明月清风我"一句最为人乐道。独行天地，湖光山色与我合一，无须旁人相伴，自有明月、清风与我。这份超然，苏轼留给了西湖，也留给了被他折服的我们。

江苏徐州
河南开封
河南平顶山
江苏常州
湖北黄冈
浙江杭州
四川眉山

广东惠州

寄情山水、疗愈人生的苦旅

海南儋州

在惠州读懂苏东坡：寄情山水、疗愈人生的苦旅

"问汝平生功业，黄州惠州儋州。"一自坡公谪南海，天下不敢小惠州。宋绍圣元年（1094）十月二日至绍圣四年（1097）四月十九日，两年多的时间，苏东坡在惠州为民谋福、寄情山水、快意文章，对惠州产生了深远的影响。

惠民一方

"日啖荔枝三百颗，不辞长作岭南人。"离开黄州后，苏轼又历经一轮宦海沉浮，于宋绍圣元年（1094）充"宁远军节度副使、惠州安置"，依然是不得签书公事。这距离苏轼从黄州突围已经过去了10年。

当"惠州之命"下达后，苏轼也曾有过避世消极的心态，在经过赣州时写下"四十七年真一梦，天涯流落泪横斜"。但当行至清远县境时，一位秀才向苏轼描绘了惠州的风物之美，苏轼欣然写下"到处聚观香案吏，此邦宜著玉堂仙"。来到惠州后，感到不虚此行的苏轼给予了惠州"山水

惠州

张大千 《东坡闲步图》

秀邃"的好评,发出了"越峤真我家"的感叹。

寓居惠州时期是苏轼思想与创作的重要转型期。历经初到岭南的忐忑不安后,苏轼很快回归乐观豁达的本真。他继续秉持"民惟邦本"的济世情怀,为群众做好事,为百姓谋福利。

北宋时的惠州府城,西头紧临安静的丰湖,东头和归善县隔着西枝江,东西两头交通都不便。丰湖之上,服役多年的木桥已经破败。西枝江上,旧桥也已废坏,人们只能乘坐小船渡江。此时,正在惠州的苏轼作为被贬谪的官员,并没有签书公事的权力,但他还是决定管一管。苏轼与当地官员商议,在府城东西两头各建一座新桥,他还亲自参与了这两座桥的工程设计。

东新桥位于江溪汇合处,跨越宽广的西枝江,是一座在木船上架板的铁索浮桥。苏轼认为如用罗浮道士邓守安的建议,改用船桥,就可以一劳永逸。其方法是以四十舟联为二十舫(两船相并为舫),铁锁石碇,随水涨落,以渡行人。人们走过东新桥,如同在一条大鱼的背上踏步。为了保证工程款项的筹措,他发动亲友捐资,自己也捐出了朝服用的犀带。绍圣三年(1096),苏轼在《两桥诗(并引)·其一》中写下"群鲸贯铁索,背负横空霓"。

西新桥,位于惠州西湖(即古时丰湖)之上,两头与苏堤相接,连接府城和孤山。苏轼寓惠时,带头修建西新桥,采用耐水腐蚀的石盐木作为桥墩,桥梁飞架其上,两头各与一条堤坝衔接。这时的苏轼已经无力捐献,只好远向苏辙的夫人史夫人劝募,史夫人把从前内宫所赐的金钱数千都捐了出来。东西两桥建成，使周边地区与府城的交通获得极大便利，是名副其实的民生工程。两桥建成后，当地的百姓们欢欣鼓舞，热烈庆祝。苏轼在《两桥诗（并引）·其二》中写道："父老喜云集，箪壶无空携。三日饮不散，杀尽西村鸡。"

在惠州期间，工程师苏东坡是闲不住的。苏轼从前在武昌县（今湖北鄂州）时，看农夫插秧都骑一种"秧马"。有了它，农民们如同坐在马背上，无须长时间俯身弯腰，节省了很多体力。为了让更多人知道这种进步的农器，苏轼作《秧马歌》详述其形制、操作及效用，希望别处都能仿制使用。当时惠州的博罗县令林抃勤政爱民，体恤百姓，听闻此法后"躬率田者制作阅试"，再经改良，更加合用。

苏轼在惠州"惠民一方"的功绩不止于此。可以这么说，当时的苏轼只是个贬臣，是一个贫穷的异乡人。但他却依然生发出无限热情，凡是对老百姓有益的事，只要力所能及，他都会立刻伸出援手，尽力而为。

当时落后的惠州因为风土之恶，瘴毒是普遍的地方病，且并无药医。苏轼到了惠州后，立即搜购药材，合药施舍。遇到在惠州买不到的药材，他便向广州托购。他曾给在广州任官的朋友王敏仲写信：

> 治瘴止用姜、葱、豉三物浓煮呷，无不效者，而土人不知作豉。又此州无黑豆，闻五羊颇有之，便乞为致三石，得为作豉散饮疾者。不罪！不罪！

做豉一次，就要黑豆三石，可见瘴疾流行之广。

南渡寓惠，苏轼离自己曾经庙堂上的雄心壮志越来越远。但在惠州这个地方，他善于将自己的博学和影响力转化为让当地百姓过得更好的推动力。惠州人感念苏轼，将丰湖上衔接西新桥的堤坝唤为"苏堤"。近千年后，两桥一堤模样已改，而那个热心民生工程的苏轼，也成了"惠民之州"最深沉的注脚。

诗词作品的又一个高峰

在惠州寻路东坡，寻的不仅是东坡的足迹，亦是他彼时的心境。

作为当时的名士，苏东坡早已名满天下。但他的诗文也被政敌利用，变成了他被排挤、遭受贬谪的口实。在"乌台诗案"后，家人、朋友常劝苏东坡戒诗，以免再遭无妄之灾。可是苏东坡嗜诗如命，一边戒诗，又一边写诗。来到岭南后，更是诗兴大发，屡屡破戒。

在惠州，苏东坡的足迹遍及东新桥、合江楼、罗浮山、白鹤峰等。他在惠州共创作了587篇诗词文章，是仅次于黄州的又一个创作高峰。这些诗歌既是苏东坡旷世的诗词才华的彰显，也是惠州绝无仅有的山水人文的千年写照。在苏东坡寓惠之后，惠州的文化事业迅速发展、崛起，涌现出一批卓越的文学家、教育家等，使惠州成为岭南儒学传承的重要阵地。

惠州

［南宋］赵大亨　《荔院闲眠图》

　　在《十月二日初到惠州》中，苏东坡写道："吏民惊怪坐何事，父老相携迎此翁。"即便与京城相隔几千里，惠州依然有苏东坡的仰慕者，当地官员和百姓的热忱相待，让贬谪之地不再是凄苦之地，而变成了闲适自在的新家园。

　　行走在惠州西湖湖畔，微风轻拂，十分惬意。东坡寓惠期间在作品中曾多次提到西湖，其中有的是对杭州西湖的怀念，如"梦想平生消未尽，满林烟月到西湖"；有的则是专指惠州西湖，如"西湖不欲往，暮树号寒鸦"。苏东坡毫无疑问是有西湖情结的，惠州西湖原本叫作丰湖，是苏东坡来之后才改的名。

　　相对于杭州西湖边的意气风发，在惠州西湖边的苏东坡已进入人生下半场。59岁的他，当时已不得签书公事，薪水不多，是戴罪的贬臣。就连修堤搞水利，都得征得惠州太守詹范的同意才能托人去操办。他寄情山水，并将其化作诗词佳作。在惠州，东坡在《独觉》一诗中重提了《定风波》中的"回首向来萧瑟处，也无风雨也无晴"，说明东坡在惠州有与在黄州时一样的心境。这种悟透世界的超然就是他对于人生的"独觉"。

东坡南下惠州，朝云"万里随从"。她与东坡患难与共，使身处异地他乡的东坡感受到无比的温暖。在东坡写给妻妾的诗中，写给朝云的是最多的。绍圣二年（1095）端午节前一天，东坡为朝云写了《浣溪沙·端午》一词，用"佳

［明］朱耷　《东坡朝云图》

惠州

人相见一千年"表达了与朝云白头偕老的愿望。

绍圣二年（1095）三月，东坡游完白水山返程时途经水北荔支浦，与一位85岁老农相谈甚欢。离别之时，老农邀请东坡待荔枝成熟后再来游玩。东坡有感于惠州热情率真的民风，写下《归田园居》六首，以"以彼无尽景，寓我有限年"来感叹当下的生活实为理想所在，反映了"悠悠未必尔，聊乐我所然"的陶然自乐的心境。

绍圣三年（1096）四月，知州詹范邀请东坡到栖山上的太守东堂饮酒品荔，东坡赏啖之余，写下了名篇《食荔枝》。寓惠期间，东坡提到荔枝的诗词多达16首，书信文章数篇。因惠州荔枝的美好慰藉，东坡对岭南又增添了一分热爱之情，而惠州也因东坡扬名天下，拥有了"不辞长作岭南人"的长情告白。

齐白石　《荔枝》

东坡主张利用一切空余时间读书，他在惠州曾写道："醉饱高眠真事业，此生有味在三余。"三余是指"冬者岁之余，夜者日之余，阴雨者时之余也"。意思是说读书要抓紧一切空余时间。在读书方法上，东坡还提出了"八面受敌"读书法。"书富如入海,百货皆有,人之精力,不能兼收尽取,但得其所欲求者尔。"阅读时最好分多次,每次只关注一个主题,这样就能"八面受敌,与涉猎者不可同日而语"。意思是这样读起书来才能有的放矢,兼收并蓄。

东坡擅长写行书、楷书,与黄庭坚、米芾、蔡襄并称为"宋四家"。他曾经遍学晋、唐、五代的各位书法名家之长,贯通后自成一家,自称"我书造意本无法"。东坡在惠州时,喜欢饮酒作书,"醉笔得天全,宛宛天投蜺",追求一种自然无我的书法创作方式。寓惠期间东坡留下了《归去来兮辞卷》《三马图赞》《致南圭使君帖》等19幅书法作品。

为什么惠州这片土地能如此激发苏东坡的创作欲?这与他诗风的转变有一定关系。苏轼《与二郎侄》中语:

> 凡文字,少小时须令气象峥嵘,采色绚烂,渐老渐熟,乃造平淡。其实不是平淡,绚烂之极也。

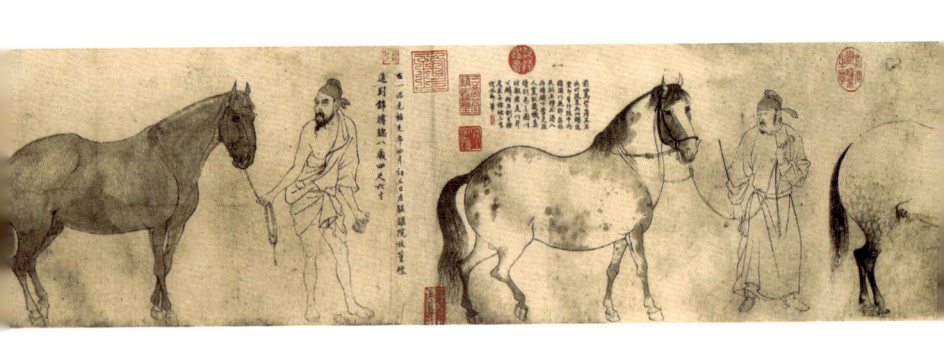

惠州

[北宋]苏轼 《三马图赞》(残卷)

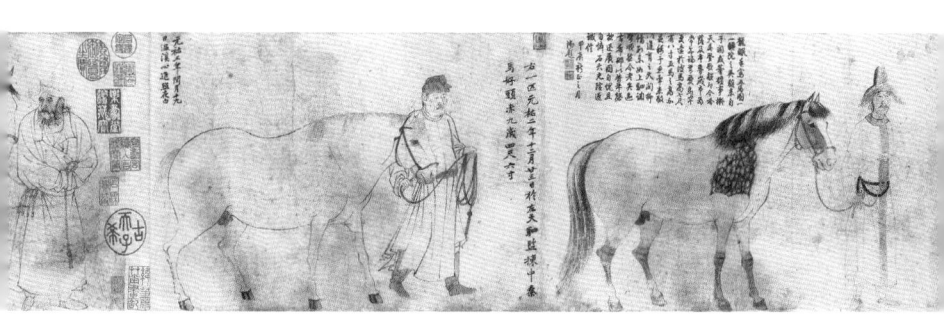

[北宋]李公麟 《五马图》

苏东坡的诗风一般可以分为三个阶段：第一阶段年轻时，高下抑扬，如龙蛇捉不住；第二阶段中年时，气象峥嵘，采色绚烂；第三阶段晚年时，老熟平淡，绚烂之极。

苏东坡的诗风为什么会转变？这与他心态的变化有很大关系，因为他来到惠州的时候已经经历了人生的大起大落。此外，这与苏东坡对惠州的亲近分不开。苏东坡以前从未到过岭南，岭南对于他来说只是一个蛮荒之地。但到了惠州后，发现这里钟灵毓秀，老百姓也对他表示热情欢迎，这对于被贬谪的苏东坡也是一种慰藉。

此外，苏轼虽以戴罪之身来到惠州，但惠州的太守詹范敬重他的人品，对他"相待甚厚"。还有一个人是当时广南东路（今广东省）的提刑官，叫作程之才，他是苏东坡的表兄，在官场里面对苏东坡很关照，苏东坡得以有更多的时间和更好的心态沉下心来写作。

从合江楼到白鹤峰

北宋绍圣元年（1094）十月，苏东坡与儿子苏过、侍妾朝云并两老婢，主仆五人抵惠，惠州太守詹范安排其在合江楼暂住。合江楼在三司行衙中，是三司按临所居的宾馆，地居东江与西枝江合流之处，朱楼临槛，即是大江。苏轼住在楼上，远眺海山葱茏，云水浩渺，不禁有仙境不远之想。他在《寓居合江楼》中写道：

惠州

海山葱昽气佳哉，二江合处朱楼开。
蓬莱方丈应不远，肯为苏子浮江来。
江风初凉睡正美，楼上啼鸦呼我起。
我今身世两相违，西流白日东流水。
楼中老人日清新，天上岂有痴仙人。
三山咫尺不归去，一杯付与罗浮春。

可好景不长，政敌章惇早已在此布下暗哨。得知了詹范礼遇苏东坡的情况后，章惇大怒，责令惠州府对苏东坡严加看管。于是十几日后，苏东坡与家眷便搬迁到嘉祐寺居住。合江楼在惠州府，为水西；嘉祐寺在归善县城内，为水东。县城沿江而筑，一面跨山，寺也造在山边。

住在嘉祐寺的这段时间，苏东坡也和在黄州一样，日常以各处闲逛为消遣。他心境平和，在山水和美食中，疗愈自我。一日，苏东坡从嘉祐寺徒步上山往松风亭，但山路陡峭，他足力不济，踌躇之际，忽得顿悟。他在《记游松风亭》中写道：

余尝寓居惠州嘉祐寺，纵步松风亭下。足力疲乏，思欲就林止息。望亭宇，尚在木末，意谓是如何得到？良久，忽曰："此间有甚么歇不得处？"由是如挂钩之鱼，忽得解脱。若人悟此，虽兵阵相接，鼓声如雷霆，进则死敌，退则死法，当恁么时，也不妨熟歇。

意思是说，如果人们都能领悟随遇而安的道理，即便是

[明]祝允明　《东坡记游卷》之《记游松风亭》

马上就要上阵杀敌,耳边听得战鼓声声,想到前进杀敌也是死,逃跑受到军法处置也是死,到那时,一样能放下顾虑,很好地休息一番。这种随遇而安的旷达态度,正是苏轼在经历了人生的种种磨难之后感悟到的。

苏轼在嘉祐寺居住的时候,还有这样一件事。宋代的时候,官僚权贵才吃得起羊肉,老百姓只能吃猪肉。当时苏轼住所附近有个卖羊肉的摊子,他看到后便很想吃羊肉,但那个时候惠州一天只宰一头羊,他不敢跟权贵去争买,所以只能私下跟屠夫说把羊的脊骨卖给他。拿到羊脊骨后,苏东坡就琢磨着新的做法。他先将羊脊骨煮熟煮透,趁热拿出来风干,再用酒和细盐涂抹腌制一段时间后,放在火上烤。烤熟后一点点剔出骨头上的肉来吃,美味似蟹肉。

他在写给弟弟苏辙的家书里,专门分享了在惠州啃羊脊骨的经历:

惠州

> 惠州市井寥落，然犹日杀一羊，不敢与仕者争买，时嘱屠者买其脊骨耳。骨间亦有微肉，熟煮热漉出，渍酒中，点薄盐炙微焦食之。终日抉剔，得铢两于肯綮之间，意甚喜之。如食蟹螯，率数日辄一食，甚觉有补。

他还开玩笑直言："然此说行，则众狗不悦矣！"化苦为乐，从逆境中超越并享受自己创造出来的生活，是东坡美食中蕴含的东坡文化。

绍圣二年（1095），广南东路提刑程之才巡按惠州，太守詹范在程之才的授意下，特许苏东坡搬回合江楼居住。但绍圣三年（1096）正月，程之才被朝廷召还，苏东坡就不能在合江楼寄住下去了。

东坡离惠后，敬仰坡公的文人骚客仍会登上合江楼，作诗缅怀。数百年岁月沉浮，东坡谪居过的合江楼早已湮没在尘世间。因近代原址被占用，今合江楼为2006年在原址隔江相望的东岸重建，但仍然处于东江与西枝江汇流之畔，"合江"之意千年之后继而续之。

绍圣三年（1096）四月，苏东坡复迁嘉祐寺。此外，自朝廷公开昭告"元祐臣僚独不赦，终身不徙"以来，苏东坡已经断了北归的念头，决心在惠州落籍，他在给好友王巩的信中就说"明年筑室作惠州人矣"。他找到了归善县署后山白鹤峰上一块数亩大的空地，面临东江，景色甚美，就将它买下来营建居所。

他将书房命名为"思无邪斋"，客厅命名为"德有邻堂"。绍圣四年（1097）二月十四日，苏轼自嘉祐寺迁入白鹤峰新居。他在山上开圃种菜和药，凿井分甘邻里，遐瞩千里江山，"以彼无尽景，寓我有限年"。

在搬入白鹤峰新居前，苏轼遭遇了又一场人生的打击，那就是王朝云的离世。早年她与苏东坡的亲生儿子苏遁夭殇，让她精神上已死了一半。绍圣三年（1096）六月下旬，朝云不幸染上了时疫，当时的惠州缺医少药，以致无法挽救。最终，瘟疫夺走了她年仅34岁的生命。死者已矣，活下来的人还要带着记忆和伤痛，继续前行。

闰二月初，苏迈带领苏过和自己的两房家小到了惠州。白鹤峰上，笑语盈盈，好不热闹。家人得以重聚，这对于当时的苏东坡来说，是一种温暖的慰藉。三月二十九日，苏轼作诗两首记事道：

南岭过云开紫翠，
北江飞雨送凄凉。

［清］王素　《朝云小像》

相逢幸遇佳時節
月下花前且把盃

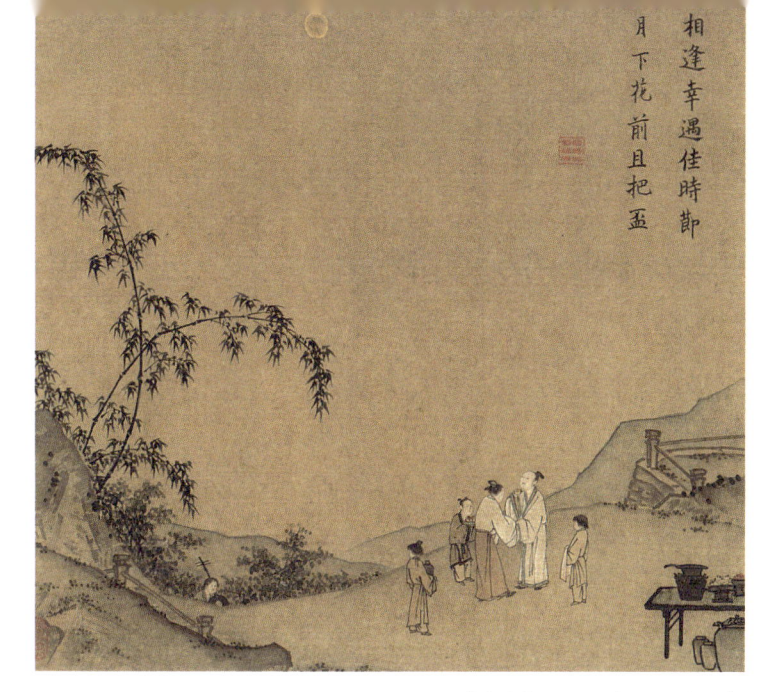

［南宋］马远 《月下把杯图》

酒醒梦回春尽日,
闭门隐几坐烧香。

门外橘花犹的皪,
墙头荔子已斓斑。
树暗草深人静处,
卷帘欹枕卧看山。

常年遭受漂泊之苦的苏东坡以为终于有了安享晚年的地方。然而,写下这两首诗不久后的四月十七日,苏轼接到了朝廷"责授予琼州别驾、昌化军安置"的诰命。四月十九日,苏轼留家属在惠州,仅携幼子苏过动身前往海南。白鹤峰新居，此后他曾在梦中再度回到这里，是的，仅仅是梦里而已。

德不孤，必有邻

东坡将白鹤峰新居的中堂取名为"德有邻堂"，表达了自己亲民重友的思想。《宋史》记载东坡在惠居3年，"泊然无所蒂芥，人无贤愚，皆得其欢心"。据不完全统计，东坡寓惠期间，跟全国各地有书信或直接交往的友人约100多位。其中不仅有南雄、广、惠、循、梅五州太守，还有惠州本土士人、僧人、道士，以及邻里翟秀才、林婆等。东坡在惠州能够广交朋友，其德操正应了《论语》中的那句"德不孤，必有邻"。

说起苏轼在惠州的朋友，首先要提到惠州太守詹范。詹范是一个诗写得很好、文人气质很重又宅心仁厚的人，对于苏轼的敬重和亲切，不比当年的黄州太守徐君猷少。

绍圣二年（1095）正月十五，詹太守在州署宴请同僚，苏轼也应邀在座。苏轼酒后带着醉意，回想最近3年的上元之夜，他自己的境况也年复不同，不禁有无限的感慨。作《上元夜》诗曰：

前年侍玉辇，端门万枝灯。
璧月挂罘罳，珠星缀觚棱。
去年中山府，老病亦宵兴。

惠州

牙旗穿夜市，铁马响春冰。
今年江海上，云房寄山僧。
亦复举膏火，松间见层层。
散策桄榔林，林疏月鬅鬙。
使君置酒罢，箫鼓转松陵。
狂生来索酒，一举辄数升。
浩歌出门去，我亦归薨腾。

［明］仇英　《竹院品古图》

二月十九日，詹范邀请苏轼过府赴宴，苏轼携白酒鲈鱼前往，写诗记载了这次宴会："枇杷已熟粲金珠，桑落初尝滟玉蛆。""青浮卵碗槐芽饼，红点冰盘藿叶鱼。"

其次，不得不提到苏轼的表兄兼姐夫程之才。前面说到程之才在惠州对苏轼照顾有加，但其实，两人此前曾有过芥蒂。程之才是苏轼母亲程夫人的兄长程浚的儿子，自小和苏轼、苏辙在青神县程家嘴游玩。苏轼出生前，二姐一兄已病逝，留下长他一岁的姐姐，号称苏八娘，被父母视为掌上明珠。苏程两家本来是亲上加亲的关系，不料八娘嫁过去后不得舅姑欢心，被虐待致死。苏洵痛失爱女，愤恨至极，对程家大肆叱骂，不但从此与程家断绝来往，并且告诫子孙不认这门亲戚。此后，苏程两家便有了一段宿怨。

在北宋的政治旋涡中，苏轼、苏辙宦海沉浮，程之才也在政治风云中渐渐成长为朝廷大臣。时任宰相章惇一直想置苏轼于死地，熟知苏程两家这段宿怨的他，起用素有悍吏之称的程之才到广南任提刑官，想要借刀杀人。提刑，即巡按大臣，代表朝廷巡察地方，有发奸摘伏、整肃官吏的大权。但章惇的如意算盘落空了，苏轼与程之才经过前期书信往来和见面话旧后，冰释前嫌，相得甚欢。二人原是亲戚，有共同的亲人程夫人。她是苏轼的母亲，程之才的姑妈兼岳母，二人共同敬爱的尊长。当他们都经历过将近半个世纪的人世沧桑巨变后，白首重逢，很多事情都可以一笑而过。

苏轼还有一个忘年交叫吴子野。吴子野，广东揭阳人，名复古，号远游。他博学多才，精通经典，为人刚正不阿。熙宁十年（1077）吴子野与苏东坡相识于济南。他与东坡交

惠州

游20余年,其父和其子也都与东坡有交游。吴子野十分崇敬苏东坡,总是在东坡落难的时候出现在他身边。

绍圣三年(1096)十二月,苏东坡的家庭经济条件十分困难。他在《和陶岁暮作和张常侍》中说:"十二月二十五日,酒尽,取米欲酿,米亦竭。"他在惠州的第三年春节过得更加寒碜了,于是有了在除夕夜与吴子野一起吃芋头充饥的故事。他写下《除夕,访子野食烧芋,戏作》一诗:

> 松风溜溜作春寒,伴我饥肠响夜阑。
> 牛粪火中烧芋子,山人更吃懒残残。

吴子野吃芋头的方式也比较特别,他先将芋头去皮,用湿纸包裹,再放在火上烘烤。苏轼吃起来感觉甘甜清香,口感软糯细腻,于是写下《记惠州土芋》一文,记录了这一做法。苏轼的这番记载让惠州人找到了烹饪芋头的正确打开方式,告别了"和皮水煮"这种单调的方式,从此芋头糕、芋头粄、炸芋头等成为惠州的特色美食。

此后,苏东坡被贬儋州时,吴子野已90多岁,但仍4次渡海看望东坡。元符三年(1100)六月,东坡离开儋州北归,吴子野相从渡海,二人在雷州分手。这一年吴子野染病逝世,享年96岁。东坡闻讯大恸,作《祭吴子野文》,感叹"飘然脱去,云散露晞","一酹告诀,逝舟东飞"。

苏轼在惠州的好友中,还有一位不得不提到的人,叫翟夫子。据光绪年间《惠州府志》记载:"翟逢亨,归善人……邦人呼为'翟夫子'。居白鹤峰东,读书嘉祐寺。苏轼谪惠，时与往还焉。"翟夫子是北宋秀才，学问广博，与苏东坡多有往来，多次出现在苏轼父子的寓惠诗文中。

苏轼一生好酒，他的味蕾中、思绪里、笔墨下，始终流淌着酒的香气。他的300多首词作中，"酒"出现了90多次。苏轼被贬惠州，自己酿酒，每月用一斛米酿制，得酒6升。他的"迷弟"章楶当时任广州知州，与他往来频繁。史料记载：章楶一生，早以荫补官，三十九岁试礼部第一，文采风流，与东坡、许将等人诗酒过从。临老守边，多有战事，克敌制胜，功绩卓著，亦一时良将。

苏轼在《章质夫送酒六壶，书至而酒不达，戏作小诗问之》一诗中，就记载了章楶送酒的故事。绍圣三年（1096），苏轼在给章楶的书简中报知侍妾朝云之逝，倾诉生活疲劳辛苦，可见二人之间的相互信任与感情深厚。

绍圣三年（1096）下半年间，苏轼在惠州的几个好朋友都纷纷要走了，惠州太守詹范罢任，章楶也罢了广州任……初是朝云新丧，还赖朋友之乐，以此排遣内心愁苦，谁想到一下又风流云散。这个孤独而又倔强的老人，在和陶诗中，强调回归自我，从而为自己，也为中国后世文人找到了安顿灵魂的精神家园。

惠州

采访手记

看清人间险恶，仍然热爱世界

在过去，惠州对于不少人而言，或许只是广东省的一个城市。因为有了苏东坡，惠州有了一张闪亮的名片，也有了生动的表达和更加深厚的文化底蕴。

绍圣元年（1094）闰四月初三，苏轼因"污诋圣考""前掌制命，语涉讥讪"而贬知英州，在途中又被朝廷三改谪命，最后由原本外放的地方官变为不得签书公事的罪臣，在惠州度过了两年多的贬居生活。在这里，苏轼经历了思想与创作的重要转型期。他将人生的苦难化为写作的养分，留下了众多佳作。但"纸上得来终觉浅"，实地丈量、触碰、感受、呼吸，才会有属于自己的感受。

2023年2月4日，正值立春，"寻路东坡——大型人文采访活动"正式启动。借着这个机会，我和同事一道，踏上900多年前苏东坡居住过两年多的土地——惠州，沿着他走过的足迹，感受岭南山水，体味他当时的心境。

到惠州第一天，惠州就以"热情"拥抱我们。换下从成都出发时穿的羽绒服，穿上短袖，感觉舒爽不少。沿着惠州西湖走了半圈，微风习习，哪怕是在这样的大热景点，这座城市依然安静。在这里夜游西湖,即便不能像东坡先生一样文思如泉涌,多次为西湖"着墨",但内心也确实能得到安抚。

第二日,我们来到白鹤峰,这是苏东坡生平唯一在被贬之地自己出资购建住所的地方。这里面临东江,景色甚美。苏东坡在这里亲手种下两株柑橘,居室外绕以竹篱,以为能在此终老。但仅仅住了两个多月后,一纸调令让他仓皇而走,除去梦中,不再与此地相见。漂泊,似乎成了东坡先生一生的注脚。但他看透人生善恶,偏偏能从苦难里浇灌出花,疗愈自我后依然热爱这个世界。他为惠州百姓所做的实事、他在惠州写下的"天涯何处无芳草"等词句,都是他热爱这个世界的缩影。

江苏徐州

河南开封

河南平顶山

江苏常州

湖北黄冈

浙江杭州

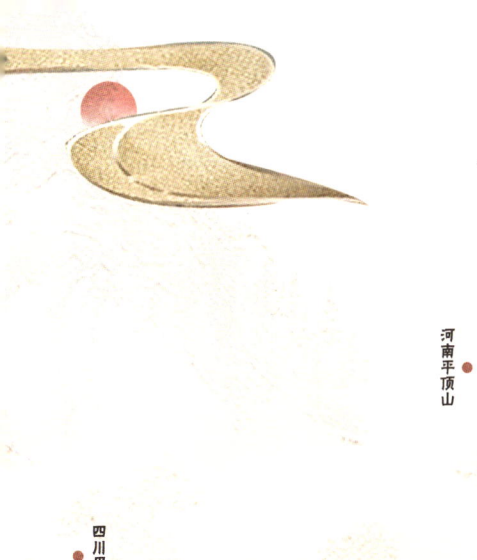

四川眉山

广东惠州

海南儋州

冠绝平生的逆旅

一场冠绝平生的逆旅：
苏轼的屈辱贬谪，成就海南的大幸

> 心似已灰之木，身如不系之舟。
> 问汝平生功业，黄州惠州儋州。

建中靖国元年（1101）五月，苏轼北返中原，在真州（今江苏仪征）游金山龙游寺时，写下这首《自题金山画像》，回顾了自己几起几落、坎坷不平，又连遭贬谪的一生。作此诗时，是苏轼去世前两个月，已过花甲之年的他预感自己即将走到生命的尽头，用诗作精练概括他一生的跌宕起伏和悲惨境遇。不久后，苏轼便与世长辞，卒于常州（今属江苏）。

儋州，是苏轼仕途中最后一个谪居地。这里远离中原、孤悬海外，在古时被视为"蛮荒之地"，更是"瘴疠之乡"，暑热交织间毒蛇猛兽遍地，凶险到了"非人所居"的程度。绍圣四年（1097）七月二日，年过六旬的苏轼历时两月有余，跨过琼州海峡，终于到达此处，赴任琼州别驾。他在这瘴疠疟疾时发之地，度过了近三年的居儋

儋州

岁月。

年事已高，又被贬极为偏远之地，按理说儋州应是苏轼的人生凄凉地，是生命的最低谷。可三年后，苏轼离开海南时，却留下了"我本海南民，寄生西蜀州"的情深之句，流露出对这里的依恋和不舍。

2023年2月，初春，封面新闻记者也同样跨越琼州海峡，踏上了儋州这片土地，来到中和镇的东坡书院、桄榔庵遗址，感受苏轼当年走过的路途、吹过的咸湿海风。在海南省苏学研究会副会长李盛华、海南大学人文学院教授海滨的讲述下，我们得以窥见苏轼是如何在艰难困苦的环境中，活出非凡超脱的姿态。

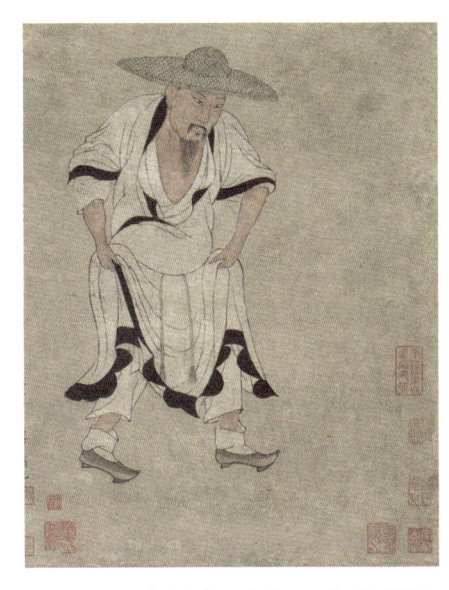

在人生最失意的岁月，在最偏僻的贬谪之地，苏轼似乎并没有太大的改变。他仍然心系民生，凿泉挖井，劝民农耕；他仍然劝学问道，培养出了海南历史上第一位举人；他仍然乐观，穿木屐戴笠而归，惹得妇人小儿相随争笑；他仍然广受爱戴，离儋时前来送行的百姓络绎

[北宋] 李公麟 《苏轼笠屐像》

不绝……

于是，后人素有"东坡不幸海南幸"之说。贬谪儋州是苏轼人生的最低谷，却给海南带来了浓墨重彩的一笔。

顽强的生存智慧，"俯仰之间，有方轨八达之路"

> 今到海南，首当作棺，次便作墓，仍留手疏于诸子，死即葬于海外。

已过花甲之年还要被流放偏远之地，该是一种怎样的心情？哪怕在宦海浮沉数十年，有过无数高潮和低谷的苏轼，都难免感到凄凉和痛苦。那时，苏轼视海南为畏途，在惠州听闻自己要贬谪海南时，他写下《答王敏仲书》，说自己垂老投荒，难以生还，更与家人诀别，叮嘱临终后事。

宋哲宗绍圣四年（1097）六月十一日，苏轼携小儿苏过从广东徐闻的递角场乘船渡过琼州海峡，来到流贬人生的最后一站——海南。身为琼州别驾的他，被安置在昌化军。苏轼抵达琼州府城后，在此处停留了十余日，又启程前往儋州。同年七月二日，苏轼到达昌化军贬所，也就是今儋州中和镇。

贬谪儋州，不难看出朝廷是有置苏轼于死地之心的。因为此处"一去一万里，千知千不还"，宋朝宽待文官，以不杀为仁，将苏轼流放到这荒蛮之地，已是降死一等的重刑了。在当时，海南是能被流放的最偏远之地，又被视作"瘴

儋州

疠之乡"，疟疾、痢疾、霍乱、时疫……还有各种各样说不清的热带病在岛上盛行。

《儋县志》中有载：

> 盖地极炎热，而海风甚寒。山中多雨多雾，林木阴翳，燥湿之气郁而不能达，蒸而为云，渟而为水，莫不有毒。……风之寒者侵入肌窍，气之浊者吸入口鼻，水之毒者灌于胸腹、肠胃、肺腑，其不病而死者几希矣。

可见这是一个"非人所居"的绝地，生存环境极为恶劣。

到儋州后，苏轼写下《到昌化军谢表》，其中有文：

> 臣孤老无托，瘴疠交攻。子孙恸哭于江边，已为死别；魑魅逢迎于海上，宁许生还。念报德之何时，悼此心之永已。

此时已经62岁的他，再度陷入不安之中。离别时子孙跪在江边痛哭，让他倍感晚景凄凉，痛苦比当年贬谪黄州时更甚。

这时他的第一任、第二任夫人和爱妾都病故了，身边的家人只有苏过，他内心的凄凉痛苦是可想而知的。

岛上物资匮乏，生活条件比惠州还艰苦许多，连住的地方都没有，后来苏轼和儿子还被赶出官舍。苏轼在《与程秀才书》中描述了生活的困顿："此间食无肉，病无药，居无室，出无友，冬无炭，夏无寒泉……"饮食上也是"五日一见花猪肉，十日一遇黄鸡粥"。真切的生活艰难，让他更感精神上的痛苦与打击。

可苏轼仍旧是苏轼，他总有苦中作乐的本领，把困顿的日子过得怡然自得。在坐着小轿前往儋州贬所途中，苏轼写下《儋耳山》，一句"君看道旁石，尽是补天余"，看似写景却是在写他自己。苏轼说此地山下路旁的奇石，都是女娲补天所用剩的，实则借山和石喻己，觉得自己即便是一块多余的石头，只要真是一块补天石也足矣。

这首诗也暗示了他的命运，虽然他来儋州时已经62岁了，但他仍然是一块"奇石"。不管这是他内心的自我安慰，还是对自己命运的占卜，都说明他心里发生了巨大变化，他又找回了信心，拾回了信念。

在环顾四面看到大海无边无际之时，他顿悟到大地也不过为海水环绕，每个人都生活在海岛之上。同年九月十二日，苏轼作《试笔自书》，其中写下一则寓言，一只蚂蚁漂在水中的浮叶上，却以为自己身陷汪洋大海之中：

儋州东坡书院内的东坡居士像

儋州

覆盆水于地，芥浮于水，蚁附于芥，茫然不知所济。少焉水涸，蚁即径去，见其类，出涕曰："几不复与子相见，岂知俯仰之间，有方轨八达之路乎？"念此可以一笑。

"可不一会儿水干了，蚂蚁就爬了出去，它见到小伙伴便哭诉以为不能再相见了。在这个故事里苏轼感悟到，原来俯仰之间有方轨八达之路，一抬头一低头，人生就不一样了，这是他在海岛上所领悟的。"海滨说，他认为海南的自然风光、地理气候，都让苏轼得以重新思考，"从而达到一种哲学层面的超然。"

桄榔庵的岁月，承载苏轼晚年的诗意人生

刚到儋州时，苏轼僦居伦江驿的官舍。但因多年失修，官舍已敝陋不堪，残状连杜甫的草堂都不如。刮风下雨，处处漏水，东躲西藏，一夜三迁。他倒是无所谓，作《和陶怨诗示庞邓》：

……我昔堕轩冕，毫厘真市廛。困来卧重裀，忧愧自不眠。如今破茅屋，一夕或三迁。风雨睡不知，黄叶满枕前。

苏轼自认与陶渊明一样都有生死达观的气度，一点儿也

不觉得这样的日子难堪。

新任昌化军军使张中同情苏轼的境遇，将馆驿修整后供苏轼父子居住，并与他们相交甚好。张中敬仰苏轼为人，却没想到因此为自己招来祸事。苏轼虽然已被贬谪海南，但在朝堂之中，政敌对他的迫害并没有停止。当时的宰相章惇派遣心腹爪牙巡视各地，伺察元祐诸臣的动向和过失，图谋将他们杀害。

元符元年（1098），朝廷派官员视察并报告贬谪大臣的情形，有使臣渡海后发现苏轼住在官舍之中，还颇受军使张中的优待关照，将之禀报朝廷。于是朝廷下令将张中革职，并把苏轼父子逐出官舍。被逐出官舍后，父子二人无地可居，只得风餐露宿于城南污水池旁的桄榔林。

无处栖身后，苏轼买下了桄榔林中的一块空地，儋州的黎民百姓和他的学生们自发伸出援手，运甓畚土，全力相助。连张中也卷起袖子，一起来挥锸畚土。《与郑靖老书》述造屋事曰：

> 初赁官屋数间居之，既不佳，又不欲与官员相交涉。近买地起屋，五间一灶头，在南污池之侧，茂林之下，亦萧然可以杜门面壁少休也。

在一片桄榔林里，终于筑起三间茅草屋，成为苏轼的谪居之所。苏轼将其命名为"桄榔庵"，并题《桄榔庵铭》："东坡居士谪于儋耳，无地可居，偃息于桄榔林中，摘叶书铭，以记其处。"无纸写字，摘叶作铭，可见当时苏轼的生活是多么贫苦。不管当时的桄榔庵条件有多艰难，它仍是苏轼晚年的避风港。他在这里煎茶、饮酒、会客、挥毫，谱写晚年诗意人生。

"朝阳入北林，竹树散疏影。短篱寻丈间，寄我无穷境。"苏轼专门为桄榔庵写了一首《新居》，诗中有定居下来的满足和欣喜。或许是受唐代诗人刘禹锡《陋室铭》的启发，苏轼也写了一首《桄榔庵铭》。

李盛华解读道："他说晚上我棚子上面可以看到星星月亮，你们就知道我的视野白天晚上都是开阔的；风一会儿从北边来，一会儿从东边来，你们就知道我在这里可以呼风唤雨。这个棚子虽然简陋，但是我呼呼大睡，因为终于有了自己的家了。《桄榔庵铭》反映了他的乐观豁达，又带有诙谐和幽默。"

中国苏轼研究会会员、儋州市东坡文化研究会会长谢仿贤也说道："苏轼父子流落到桄榔林下，生活是非常凄惨的。桄榔庵建好后，经过一段时间他的心情就慢慢变好，因为苏东坡是个乐天派，所以当时他既感受到苦闷，也在与老百姓的接触中，感受到这个地方的人是非常可爱的。"

苏轼在儋州的生活贫苦，经常食不果腹，但作为"吃货"的他，却能把困顿的日子活出另一番滋味。在《闻子由瘦》一诗中，苏轼这样写他在儋州的岁月：

五日一见花猪肉，十日一遇黄鸡粥。
土人顿顿食薯芋，荐以薰鼠烧蝙蝠。

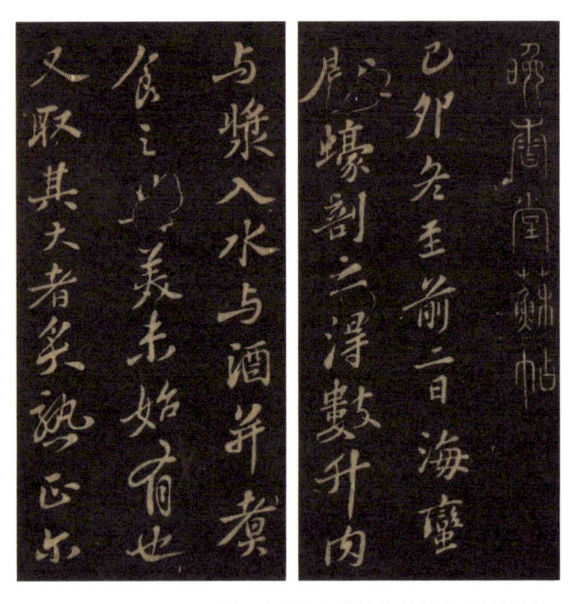

明拓《晚香堂苏帖》苏轼书《献蚝帖》

说到当地没啥荤腥，人们吃鼠类也就罢了，居然连蝙蝠也敢吃，这让"入乡随俗"的苏轼实在做不到。但在贬谪岁月中常常就地取材炮制美食的他，很快就发现了一种鲜美的食材——生蚝。

有一次，当地的百姓送来一些生蚝，父子俩把它们剖开，把肉放进锅里，突发奇想，倒进一些酒煮了起来，味道十分鲜美，苏轼边吃边嘱咐儿子苏过不要对外人谈起。这在苏轼所写的《食蚝》一文中，有详细的描写：

> 己卯冬至前二日，海蛮献蚝。剖之，得数升，肉与浆入水，与酒并煮，食之甚美，未始有也。又取其大者

儋州

炙热,正尔啖嚼,又益□[1]煮者。海国食□蟹□螺八足鱼,岂有献□。每戒过子慎勿说,恐北方君子闻之,争欲为东坡所为,求谪海南,分我此美也!

为了一道美食而求贬孤岛,估计也就苏轼想得出来。

宋时,海南岛的大米只能靠内地供给,极为珍贵。在米面极度匮乏的情况下,本地人以产量大又同样富含淀粉的芋头当主食。于是,苏过就地取材,将芋头去皮切块,加水入锅,长时间滚煮至芋肉软烂为止,即成"玉糁羹"。苏轼还特地为此作文赞美:"过儿忽出新意,以山芋作出玉糁羹,色香味皆奇绝。天上酥陀则不可知,人间决无此味也。"在他眼中,这"玉糁羹"是金齑玉脍也难以媲美的。

除此之外,苏轼在桄榔庵也读书著作,广交好友。当时海南"百物皆无"的生活,非常不好过。而书籍的匮乏对于一个读书人来说,其痛苦的滋味可想而知。苏轼在桄榔庵住定以后,就为无书可读而烦恼。有一次苏轼由军使张中陪同往访当地读书人黎子云时,见到他家有《柳宗元集》数册,立即借了回来终日玩诵。后来苏轼在惠州服官的老朋友郑嘉会也寄来书籍,虽然当时通过船运寄送颇费时日,但总算是帮助苏轼父子度过了一个个漫长的日子。

---

[1] □:原文其字残缺,下同。

亲授学业，培养出海南史上第一位举人，"琼州人文之盛苏公启之"

在海南海口，有一座五公祠，风景如画，历史悠久。近千年前，苏轼跨海而来，携子苏过途经琼州美舍河时，在琼州府城金粟庵暂居，也就是如今的五公祠。这里历经日晒雨淋、台风地震后，数次重修，后人又建造了苏公祠来纪念苏东坡。如今，祠内有一座石刻苏轼像，更在祠中供奉着苏轼的牌位。罕见的是，苏公祠中共供奉了三座牌位，另外两座则为苏轼之子苏过和苏轼的学生姜唐佐。

"在我们的经验范围内，很少有祠堂的牌位里既排着亲人，又排着学生。但苏公祠的摆放非常有特点，这其实饱含了海南老百姓对东坡先生的尊重和感恩，也饱含了海南对于文化、教育的一种渴望和仰望。"海滨解释道。

"摄衣造两塾，窥户无一人。邦风方杞夷。庙貌犹殷因。先生馈已缺，弟子散莫臻。"这就是当时儋州的教育现状。

"海南的教育，在当时不容乐观到什么程度？"海滨说，且不论自隋朝开科取士以来，整个海南从无一人考中举人或进士，连学校也破败不堪。当苏轼贬谪到儋州，安顿好了自己的居所之后，他就到处走走看看。虽然当时苏轼穷愁潦倒，但他看到此处有个学校觉得十分高兴。"他急忙去考察，走到学校跟前却发现残垣断壁一片破败，没有老师、学生，没有朗朗的读书声，他内心感到非常失落。"

因为地理上的山海相隔，海南与中原地带长期隔绝，

儋州

文化发展相对迟滞。李盛华也谈到,都说"春风不度玉门关",同时春风也不度"海峡关",中原的文化往往遇到了海峡便被阻断。苏轼造好居所桄榔庵后,在乔迁当晚,意外听到邻家两小儿诵书声,备感欣慰。他举杯畅饮,把童子的读书声当作最美味的下酒菜。"引书与相和,置酒仍独斟。可以侑我醉,琅然如玉琴。"海滨说:"于是他就明白了,这里不是没有愿意读书的孩子,而是缺乏学校,缺乏愿意来辅导孩子的好老师。"

苏轼贬居儋州期间,常与昌化军使张中对弈赋诗,还结识了当地名贤黎子云、黎子明兄弟,彼此时相过往,饮酒论文。宋哲宗绍圣四年(1097)冬,苏轼与张中、黎子云兄弟等人一起出资,在黎子云的旧居上建屋,并取《汉书·扬雄传》中"载酒问字"的典故,取名"载酒堂"。

那一年的十一月,苏轼作《和陶田舍始春怀古》二首,其序曰:

> 儋人黎子云兄弟,居城东南,躬农圃之劳,偶与军使张中同访之。居临大池,水木幽茂,坐客欲为敛钱作屋,子亦欣然同之。名其屋曰载酒堂。

苏轼开始在此处讲学,传授儒家诗书礼义之道,"海内外名士接踵而至,从学东坡"。

元符二年(1099)闰九月,一位男子担簦百里,从琼州至儋州求学于苏轼,他便是姜唐佐。苏轼自己明确记述:

元符己卯闰九月，琼士姜君来儋耳，日与予相从。至庚辰三月乃归。无以赠行，书柳子厚《饮酒》《读书》二诗以见别意。

姜唐佐在儋州从学期间，苏轼与他对床夜话，邀他到住处桄榔庵用餐、品茶，相交甚笃。史有记载的苏轼致姜唐佐信函即有7件。

苏轼对姜唐佐在学业上的培养，是无微不至的，甚至逐字逐句给他修改文章。从文章的谋篇布局、构造组织，到生活上的待人接物、人品风格上的培养，苏轼对姜唐佐是全方位的倾囊相授。为了表达对苏轼栽培之恩的感激，姜唐佐有时也邀苏轼到住地吃饭，共叙情谊。元符二年（1099）十月十六日，苏轼从姜唐佐住地借回《烟萝子》两卷、《吴志》四册、《会要》两册阅读以解孤寂。

对于姜唐佐，苏轼也寄予了厚望。在求学半年之后，姜唐佐辞行，准备去广州应乡试。苏轼为姜唐佐题扇，赠诗两句："沧海何曾断地脉，白袍端合破天荒。"并对他说："子异日登科，当为子成此篇。"答应待姜唐佐登科之时，再将余下的诗句补足。

元符三年（1100），苏轼遇赦北归中原复经琼山，在此处办理官员迁徙手续。他特意去到姜唐佐家，恰好姜唐佐不在，苏轼便为其留诗一首，约他和吴子野日后一起吃薯馒头。

崇宁元年（1102），姜唐佐果然不负众望考中举人，实现了海南科举史上的"开天辟地"。但此时苏轼已经逝世，

儋州

苏辙《补子瞻赠姜唐佐秀才》书法作品

无缘看到此景象。随后，崇宁二年（1103）正月，姜唐佐在路过汝南时遇到苏辙，苏辙代替亡故的兄长将诗句补足，成律诗一首，曰：

> 生长茅间有异芳，风流稷下古诸姜。
> 适从琼管鱼龙窟，秀出羊城翰墨场。
> 沧海何曾断地脉，白袍端合破天荒。
> 锦衣他日千人看，始信东坡眼目长。
> ——《补子瞻赠姜唐佐秀才》

从苏轼在载酒堂中讲学，再到学生姜唐佐中举成为海南史上的第一位举人，这到底是一种偶然还是必然？当记者问到此处时,海滨说,随着唐宋不断有著名文人士大夫被贬谪海南,这里也有了勤奋好学的土壤,但不管当地有多么优秀的学生,却从无一人跨过琼州海峡。"我相信如果东坡没有来海南,这里最终也会出举人、出进士,但的确会晚一些。苏轼培养出海南首位举人,既跟天时、地利、人和有关,又跟东坡自身有关。"

苏轼离儋后,海南人才辈出,儋州地区尤为突出。清代戴肇辰等学者撰《琼台纪事录》,其中谈道:

> 宋苏文忠公之谪儋耳,讲学明道,教化日兴,琼州人文之盛,实自公启之。

从根本上解决儋州百姓生存问题,"劝俗劝农劝和"

行至海口的苏公祠内,自然不得不打卡位于此处的"海南第一泉"。泉旁游人如织,不少人拍照留念,嘴边偶尔冒出一两句"苏东坡""苏轼"。当年,苏轼被贬海南昌化军途经此处,寓居十余日,"指凿双泉",此泉便是其中之一。因泉水甘甜,水源旺盛,泉面常浮水泡,宛如粟粒,故名"浮粟泉"。后来人们为了纪念苏轼,又称此泉为苏泉、苏井、东坡井。浮粟泉是苏轼在海南岛的重要遗迹之一,近千年来,泉水不溢不竭,堪称一奇,享有盛誉。

"天气卑湿,地气蒸溽,而海南为甚",被贬到海南的苏轼,不仅生活条件艰苦,湿热的气候也让他难以适应。除

儋州

了肉体的痛苦外，苏轼在精神上依然受到朝廷权臣的压制，当时朝廷对他下达了不得食官粮、不得住官舍、不得签书公事三条禁令。可苏轼始终关心民生疾苦，登上琼州岛不过十余日，就指导当地的官员百姓开凿泉眼，成就了这被后世赞誉的"海南第一泉"。

"他刚到琼州，就发现当地老百姓吃水困难，尽管有河水，但是不够清洁卫生。于是，他凭借非常丰富的水利经验，为大家探到两个非常好的泉眼，指导当地的官员百姓来开凿，其一就是浮粟泉。"海滨说，苏轼来到海南的第一站，就为当地百姓带来了甘甜的泉水，历经近千年而不干涸。

更为重要的是，苏轼从根本上改变了当地人的生活习惯。在儋州时，苏轼发现当地百姓习惯于取咸滩积水而饮，以致常年患病。于是，他力劝大家改变这种习惯，并带领百姓勘察水脉，挖井取水，倡导百姓喝熟水。

彼时，海南的医学条件也十分落后，当地人生病之后，相信杀牛可以治愈疾病，海南盛行"以巫为医、以牛为药"的风俗。苏轼爱惜耕牛，于心不忍，于是抄写柳宗元的《牛赋》赠给琼州的僧人道赟，"使以晓喻其乡人之有知者"。又作《书柳子厚牛赋后》写道：

> 岭外俗皆恬杀牛，而海南为甚。客自高化载牛渡海，百尾一舟，遇风不顺，渴饥相倚以死者无数。牛登舟皆哀鸣出涕，既至海南，耕者与屠者常相半。

苏轼希望能够改变这种风俗，以期教化乡民爱牛惜牛。

[明]马轼 《归去来兮辞》之农人告余以春及

此外,苏轼还挖掘当地的黎药,并亲自教黎族同胞使用草药治病。他不仅自己煎药服用,还亲自去乡野采药,熬制中药,为百姓开方治病。

"可以说,苏轼把中原的耕读文化带到了海南。"李盛华解释,在劝学和劝俗之外,苏轼还劝农。初来儋州时,苏轼看到当地人以狩猎为生,经常食不果腹,土地却大量荒芜,创作了诗歌《和陶劝农六首》。他更苦口婆心地劝说黎族同胞改变"不麦不稷"的生活方式。"他劝农耕,劝和睦,劝劳作,惩懒汉,让当地人丰衣足食。"

当然,苏轼的智慧和学识,并不只停留在医学、农耕上,他还提出了民族和解和融。要知道,在宋朝时的琼州,汉黎矛盾尤为尖锐,更爆发了多次黎族农民暴动,儋州尤为严重。但在东坡抵儋之后,他与当地百姓尤其是黎族的人民相处友善,更提出民族平等的主张,写下"咨尔汉黎,均是一民"。

儋州

"苏东坡在儋州不过三年,既劝学培养了海南的弟子,又劝农带来了农耕文化,更劝和促进了整个海南汉黎两族的和谐团结。"李盛华说道。时至今日,"东坡遗风"仍深深影响着海南的文化。

在冠绝平生的贬谪之旅实现超越,"东坡不幸海南幸"

元符三年(1100),宋徽宗登基,朝廷颁行大赦,赦免了大批官员。本以为要终老儋州的苏轼,得以北返中原。当年五月,诏令到达海南,苏东坡被调往广西廉州。回顾居儋州的三年岁月,他写下《别海南黎民表》,表达了对海南深深的留恋和对这片土地上人民的不舍。

> 我本海南民,寄生西蜀州。
> 忽然跨海去,譬如事远游。
> 平生生死梦,三者无劣优。
> 知君不再见,欲去且少留。

在儋州的岁月,苏轼常常深入民间,采风问俗,交朋结友,抒怀言志。他与百岁的王仲翁老人喝酒,以美酒来祝福对方长寿;他遇见背柴入市的黎族同胞,对方见他衣衫单薄,临走送其一块古贝布;他外出时偶遇大雨,从农人家借来斗笠和木屐,"市人争相视之,先生自得幽野之趣"……在这里,苏轼从朝廷重臣,成了乡野农夫。

在海南的岁月，苏轼诗歌的另一重要内容是对谪居海南的生活以及本土民风民情、自然风光的赞美和描绘。在他的笔下，海南的众生有趣又淳朴，他记录与他们相处的日常，写成自己在儋州的"奇遇"故事。

譬如在《和陶拟古九首》中，他描写了一位以卖柴为生的山民超然自在的神情，还有赠送他布料、叮嘱他注意防寒的举动，让他感触颇深。

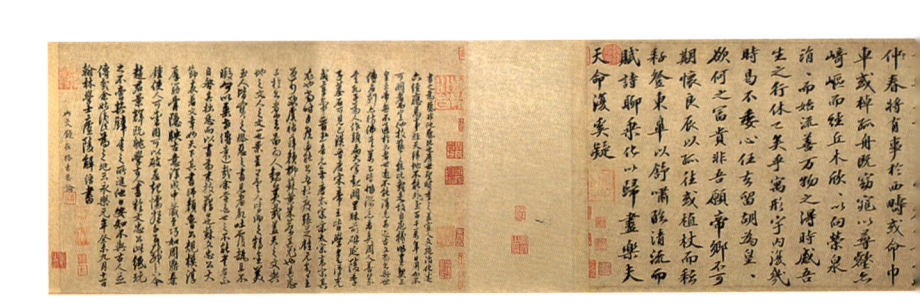

> 黎山有幽子，形槁神独完。
> 负薪入城市，笑我儒衣冠。
> 生不闻诗书，岂知有孔颜。
> 翛然独往来，荣辱未易关。
> 日暮鸟兽散，家在孤云端。
> 问答了不通，叹息指屡弹。
> 似言君贵人，草莽栖龙鸾。
> 遗我古贝布，海风今岁寒。

儋州

还有因苏轼在历史中留名的"春梦婆",这位已到古稀之年的妇女,是苏轼在海南时有名的逸事。宋人赵令畤《侯鲭录》载:

> 东坡老人在昌化,尝负大瓢行于歌田间。有老妇年七十,谓坡云:"内翰昔日富贵,一场春梦。"坡然之。里人呼此媪为"春梦婆"。

苏轼在访友途中遇见的这位黎族老妇,一句"内翰昔日富贵,一场春梦",无意中道出了世事的无常。苏轼愣了片刻,随即笑着应允。后来,大家都叫这老妇人为"春梦婆"。苏轼另有诗《被酒独行,遍至子云、威、徽、先觉四黎之舍三首·其三》云:"投梭每困东邻女,换扇惟逢春梦婆。"

"'春梦婆'的这番话,可以说把东坡惊醒了。他想,我活了60多年,有时想得还不如一个儋州的阿婆这般通透。是'春梦婆'推了他一把,使东坡的人生思想再上了一个台

[北宋] 苏轼 《归去来兮辞》

阶，使东坡变得越来越伟大。所以，我们绝对不可以忽视海南的自然风光、民俗人情对东坡的启发。"海滨这样说道。

"苏轼在海南的三年，百姓对他是感恩戴德。东坡临走的时候，整个海南的老百姓夹路相送，还给他带了好多当地的特产。"李盛华说道。人们甚至给东坡送了一身黎族的黎锦所制成的衣衫。他一路非常高兴地向人展示，这是海南的黎锦。

苏轼曾作《欧阳晦夫遗接䍦、琴枕，戏作此诗谢之》，其中写道："携儿过岭今七年，晚途更著黎衣冠。"诗中回忆起了自己在海南与百姓相处的愉悦时光，他"混迹"在平凡人群中，与平民相处甚欢。

"大家都知道苏轼的'问汝平生功业'，那么苏轼在儋

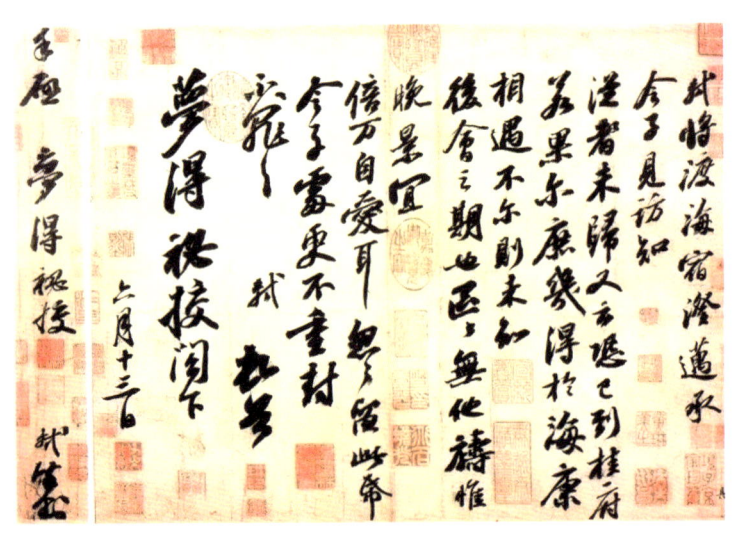

［北宋］苏轼　《渡海帖》

州的功业是什么？我们可以说他有民生功业，他为海南的百姓做了大量民生善举；有文章功业，他在海南创作了大量的诗文，完成了三本哲学著作；而所谓人格功业，是苏轼在人们认为的低谷困境中，实现了人生的一种超越。"海滨说。海南人民除了立东坡祠、修造载酒堂、不断翻修东坡书院之外，东坡走过的任何一个地方都留下了传说，寄托海南人民对苏轼的怀念之情。

元符三年（1100）六月，苏轼自海南岛北归中原，他写下《六月二十日夜渡海》，这是他留给海南的最后一首诗作。面对曾经让苏轼不安和恐惧的海南，他说"苦雨终风也解晴"，更感叹"九死南荒吾不恨，兹游奇绝冠平生"。这段本应是痛苦不堪的贬谪之旅，却成为苏轼平生最奇绝的经历。

"所以说如果东坡没有到儋州，不可想象今天海南是什么样子。"李盛华感叹，东坡带来的诗词歌赋、琴棋书画、医药农耕，至今仍浸润着海南的人民。所以曾有这么一句话，"东坡不幸海南幸"。

"苏东坡一生的不幸，却给我们整个海南带来了无比的幸运。东坡被贬至海南，是中国历史的一个事件，是一个人的屈辱史。但同时，也是海南的一段灿烂文化史，是一个人给中华民族带来的辉煌史。"

岂与穷达俱存亡

海南遇见的,是已到暮年的苏轼。此时的他,经过了黄州、惠州的几番贬谪,更遭受了夫人、爱妾和幼子的先后离世,似乎已将生死置之度外,跌入了人生的最低谷。生活的困顿和精神上的痛苦,就如同琼州海峡翻涌的波浪,随时可将他吞噬殆尽。

苏轼被越贬越偏,生活越来越苦,可每被贬一次,他对于人生的理解却越深一层。在海南之时,他的人生落魄到了最低处,悲剧性到达了最顶点,可在这"蛮荒之地",他仍绽放出了最耀眼的光芒,让海南人感恩铭记近千年。"在众人都认为苏轼会被凌辱、被毁灭之时,他反而更灿烂更辉煌。"李盛华说道。在苏轼居于儋州的窘迫时光中,仍能看到他超然的境界。

绍圣四年(1097),苏轼被贬为琼州别驾、昌化军安置,携儿子苏过奔赴贬所。在行至梧州(今广西梧州)时,闻苏辙尚在藤州(今广西藤县),他写下一首《吾谪海南,子由雷州,被命即行,了不相知,至梧乃闻其尚在藤也。日夕当追及,作此诗示之》。"他年谁作舆地志,海南万里真吾乡"，苏轼彼时虽前途茫然，未有归期，却流露出一种愿以他乡为故乡的豁达态度。

"都说人生有九重境界，而苏东坡在最高层。当我们都'不识庐山真面目，只缘身在此山中'，苏轼却能够'一览众山小'。"李盛华说回《吾谪海南》，其中的一句"平生学道真实意，岂与穷达俱存亡"，让他感受到了苏轼超然的人生境界。

在传统的儒家思想中，《孟子》里写"穷则独善其身，达则兼济天下"。意为人在不得志之时，就要洁身自好，注重提高个人修养和品德；在得志显达时，要把善发扬光大。

"就是说当你飞黄腾达，干大事做大官了，要好好关心天下的大事；当你穷途末路了，要修身养性读书，保全自己的德品。这应该就是中国人活着的最高境界了。可苏轼说，'岂与穷达俱存亡'，无论飞黄腾达抑或走投无路，不管是高官厚禄还是平民百姓，都要关心天下，修炼内心。不存在两种活法，只有一种活法。"

苏轼表达了自己不因穷达而有变的思想。

在桄榔庵的岁月中，苏轼写下一首《宥老楮》，记录了住所旁的一棵巨树。这棵树长得极为茂盛，不仅遮挡了苏轼的光线，还阻挡了他的道路。"我墙东北隅，张王维老谷。树先樗栎大，叶等桑柘沃。流膏马乳涨，堕子杨梅熟。胡为寻丈地，养此不材木。"

"苏轼撸起袖子拿起斧头，想要伐掉这棵树。可当地人告诉他，这是一种桑科类树木，它的皮可以造纸，果实可以食用，果实的汁液可以敷面，叶子还能去火消炎。"于是，苏轼扔掉了斧头，"投斧为赋诗，德怨聊相赎"。在李盛华看来，这也表现了苏轼的一种和解与宽容。"这句话意味深长，为什么？因为东坡在新旧党争、元祐党争、豪放派与婉约派之争，还有各种各样的门阀之争中，一直深陷泥淖，得罪了不少人，所以有时会遭到迫害。"

可在一棵树之上，苏轼明白了怨气是可以转化的，也能以德报怨，何以非要以牙还牙、纠缠不休。"这首诗歌是苏轼在儋州写的，你就可以明白，最后他为什么会和王安石和解、和司马光和解，甚至和最尖锐的仇敌章惇也和解了。"李盛华说，苏轼有一句名言是"眼前见天下无一不好人"，这句话的宽阔胸怀，是发现人之美，而不是人之恶；是发现人之和，而不是人之斗。"我们说，'每个人心里都有一个苏东坡'。他真的是在任何一件事、任何一个问题上，都做到了大彻大悟，做到了通透。"

在离开海南北返中原之时，苏轼写下《自题金山画像》，回顾了自己几起几落、坎坷不平，又连遭贬谪的一生。"问汝平生功业，黄州惠州儋州。"诗作完成两月后，苏轼便卒于常州，与世长辞。

回看苏轼的人生之路，曾是春风得意的科场奇才，亦是谪居落寞的戴罪犯官。可在他总结自己数十年的宦海浮沉时，他却认为自己生平的功业是在三个贬谪地，在他人生的失意之时。李盛华说，这是苏轼对自己的"盖棺定论"，是他给自身最后的评价。

在儋州之时，苏轼从曾经的豪放派诗人变成了田园诗人，因为他遍和陶诗，视陶渊明为人生榜样；又从三品高官士大夫变成了农夫,外出时偶遇大雨,他从农人家借来斗笠和木屐,惹得妇人小儿相随争笑;还从翰林大学士这一皇帝太师变成了乡村教师,在载酒堂中讲学,为海南培养出了历史上的第一位举人……

东坡的「第二故乡」江苏常州

- 江苏徐州
- 河南开封
- 河南平顶山
- 四川眉山
- 湖北黄冈
- 浙江杭州
- 广东惠州
- 海南儋州

苏轼与常州,三十年生死相依

常州市苏东坡纪念馆位于天宁街道北岸80号,青瓦白墙,曲径通幽,在周围的现代繁华中独辟一方静谧。当地百姓更喜称它的另一个雅名——藤花旧馆,因大文豪苏轼寓居此地时手植紫藤树而得名。

2023年2月中旬,"寻路东坡"采访小组来到常州。在两位苏轼后人——常州市苏东坡纪念馆副馆长苏东、常州市苏东坡研究会顾问苏慎的带领和讲解下,我们在藤花旧馆了解到苏轼与常州半生的不解之缘。

走进藤花旧馆正门,苏轼为常州留下的名句"多谢残灯不嫌客,孤舟一夜许相依"被镌刻在墙上。自熙宁四年(1071)苏轼通判杭州的路上第一次途经常州,至建中靖国元年(1101)病逝于此,苏轼曾14次到常州,并最终选择在常州终老,与这个让他魂牵梦绕之地生死相依30年。

常州

往来常州14次，青年时期即定下在此养老之愿

唐宋时期，常州曾辖武进、晋陵、无锡、宜兴、江阴五县，襟江带湖，山明水秀。作为吴文化的发祥地之一，常州自古文脉绵延不绝，留下了许多美谈。苏轼自幼熟读经史，对吴地一直心有倾慕。不过让苏轼真正对常州产生向往之情的，当是他与常州文人蒋之奇等的相遇。

在《次韵蒋颖叔》中，他回忆了这段往事：

> 琼林花草闻前语，罨画溪山指后期。
> 岂敢便为鸡黍约，玉堂金殿要论思。

嘉祐二年（1057），彼时的苏轼还是一名春风得意的新科进士，在琼林宴上，他与常州来的同年进士蒋之奇、胡宗愈、单锡等相谈甚欢。席间，蒋之奇侃侃而谈，给苏轼详细讲述了常州地界的风物之美。这让天生想象力丰富的苏轼大为心动，当即与蒋之奇立下"鸡黍之约"：以后退休了，咱们比邻而居。

熙宁四年（1071），苏轼因与王安石政见不合，自请外放，被朝廷安排到杭州任通判。途中，他终于有幸踏上了常州的土地，惊叹蒋之奇所言非虚。此后任职杭州三年间，他又多次到常州赈灾，并在空闲时游览常州及周围城镇。

常州宜兴丁蜀镇有一山，原名"独山"，苏轼到此游览后，感叹"此山似蜀"，从此当地人便改此山名为"蜀山"，沿用至今。

除了风光美景外，苏轼喜爱常州还有一个重要原因——常州文脉深厚，自古就有许多德高望重的君子。苏轼的至交好友中，也有许多常州人士。在常州赈灾游览时，苏轼敬重的官场前辈、常州人钱公辅病逝，他的儿子钱世雄同为苏轼的属下兼好友，便邀苏轼为父亲写哀悼之词，有文《钱君倚哀词》：

　　　　大江之南兮，震泽之北。吾行四方而无归兮，逝将此焉止息。岂其土之不足食兮，将其人之难偶。非有食无人之为病兮，吾何适而不可。独裴回而不去兮，眷此邦之多君子。

　　其中"眷此邦之多君子"一语，道出了苏轼对常州深切热爱的缘由。如今，这段话也镌刻在常州市东坡公园的苏轼雕像旁。

　　正是在这段时间，苏轼经过一番"考察"后，已然笃定常州就是他理想的养老之地。虽然彼时正值壮年的苏轼距离

常州

退休还遥不可及，但他已经拿出多年积蓄，请蒋之奇为他在宜兴（古称阳羡）购置了田产。事情办妥后，他留下了多首诗词来记录这件事。例如在《菩萨蛮》中写"买田阳羡吾将老，从来只为溪山好"；在《浣溪沙·送叶淳老》中写"阳羡姑苏已买田，相逢谁信是前缘"；在《常润道中，有怀钱塘，寄述古五首》中，他更是对未来的常州生活进行了一番美好畅想："惠泉山下土如濡，阳羡溪头米胜珠。卖剑买牛吾欲老，杀鸡为黍子来无。"

从此，苏轼与常州结下了半生不解之缘。30年间南北行走，他来往常州14次，有时明明可以不经过常州，他却故意绕道到常州探亲访友。

苏轼一生颠沛流离，足迹遍布大半个中国，但皆非他自愿，唯有归老常州，是他自主的选择。在《楚颂帖》中，苏轼清楚地写道："吾来阳羡……誓将归老，殆是前缘。"

南宋费衮是常州人，所著《梁溪漫志》是有名的史料笔记，记述了宋代人文逸事，其中大量记载了苏轼的相关事迹，成为后世研究苏轼的重要材料。在《梁溪漫志》中，费

[北宋] 苏轼　《楚颂帖》

衮就曾说:"出处穷达三十年间,未尝一日忘吾州。"

两次上书朝廷,希望定居常州

"乌台诗案"后,苏轼以戴罪之身被贬谪至黄州,一待就是五年。五年间庙堂之上风起云涌,元丰七年(1084)的一天,一直对苏轼大为赏识的神宗皇帝突然下诏,将苏轼改授汝州团练副使,并说:"人材实难,弗忍终弃。"在黄州接到诏令的苏轼百感交集,虽然自己的身份看似没有太多改变,但"人材实难,弗忍终弃"八个字足以让他感受到神宗对他的眷顾。于是,苏轼从黄州再次启程,前往汝州任职。

汝州即是今河南汝州市,与黄州相距遥远,苏轼一直流连在江南的路上,四处求问田舍,产生了在江淮一带安家的想法。这一次,他又途经了常州。此前,他已经在常州购置有一些田地,如今他再次委托蒋之奇新购置一处小农庄,这些田产加在一起,养活一大家子不在话下。他随即写下《乞常州居住表》,渴望朝廷恩准。

> 寻上章乞居常州,其后谢表有"买田阳羡,誓毕此生"之语。在禁林,与胡完夫、蒋颖叔酬唱,皆以卜居阳羡为言。
> ——《梁溪漫志》

此后,苏轼带着家人慢慢北上,一边沿途访友,一边

常州

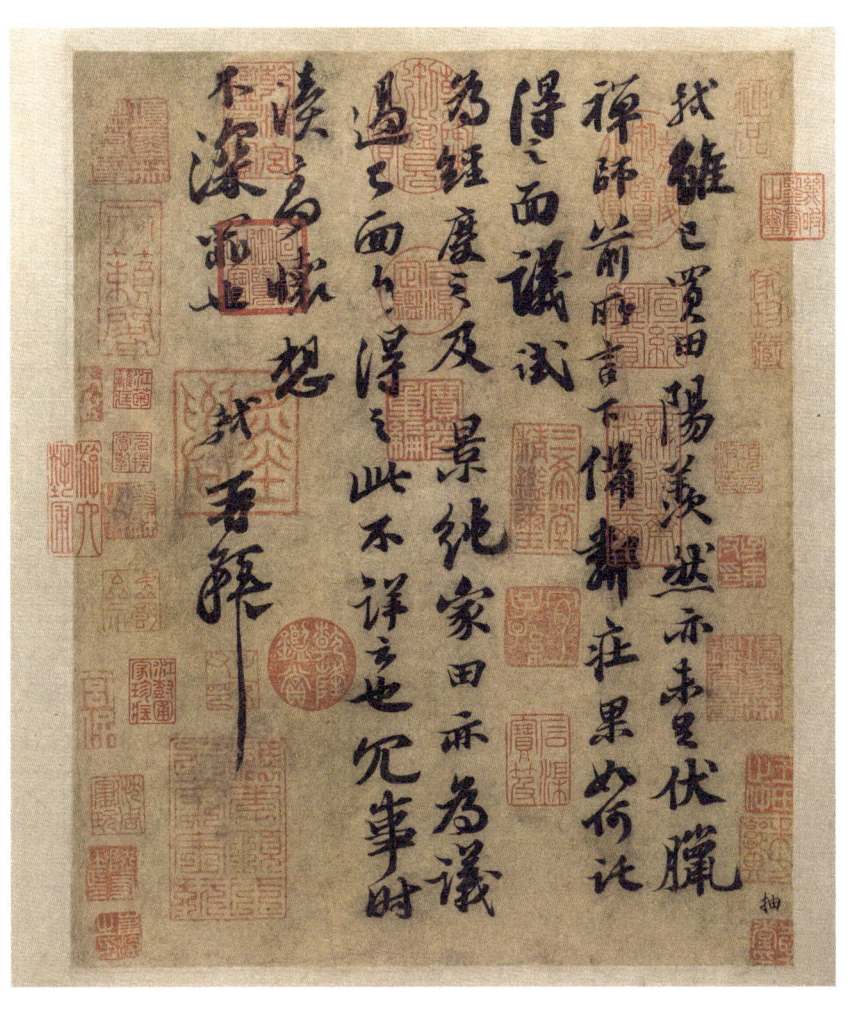

［北宋］苏轼　《阳羡帖》

等待朝廷批复，但自己的请求迟迟未有回复。元丰八年（1085）行至泗州，苏轼写下第二封《乞常州居住表》，言辞更加恳切。

> 近者蒙恩量移汝州，伏读训词。有"人材实难，弗忍终弃"之语。……自离黄州，风涛惊恐，举家重病，一子丧亡。今虽已至泗州，而赀用罄竭，去汝尚远，难于陆行。无屋可居，无田可食，二十余口，不知所归，饥寒之忧，近在朝夕。与其强颜忍耻，干求于众人；不若归命投诚，控告于君父。臣有薄田在常州宜兴县，粗给饘粥，欲望圣慈，许于常州居住。

苏轼说，如今我离汝州还很远，陆上行走也非常困难。到汝州后，没有房子田产，全家老小二十余口不知所归。但在常州，我尚有薄田少许，希望圣上能慈悲于我，允许我在常州居住。

两次上书之后，苏轼终于等来了好消息，朝廷批准了他居住于常州的请求。苏轼的心情百感交集，他写下《满庭芳》：

> 余谪居黄州五年，将赴临汝，作满庭芳一篇别黄人。既至南都，蒙恩放归阳羡，复作一篇。
>
> 归去来兮，清溪无底，上有千仞嵯峨。画楼东畔，天远夕阳多。老去君恩未报，空回首、弹铗悲歌。船头转，长风万里，归马驻平坡。

无何。何处有，银潢尽处，天女停梭。问何事人间，久戏风波。顾谓同来稚子，应烂汝、腰下长柯。青衫破，群仙笑我，千缕挂烟蓑。

苏轼在词中表达了极为复杂矛盾的心情，一方面为能定居常州而欣喜，另一方面却又为自己此后不能再以身报国而感到惆怅。

也正是在这个时候，一直很赏识苏轼的神宗皇帝驾崩。苏轼得知后，十分悲痛。在《答王定国书》中，他沉痛地写道：

先帝升遐，天下所共哀慕，而不肖与公，蒙恩尤深，固宜作挽词，少陈万一。然有所不敢者耳。必深察此意。无状罪废，众欲置之死，而先帝独哀之，而今而后，谁复出我于沟壑者。归耕没齿而已矣。

苏轼到达常州时，已经是元丰八年（1085）的五月，他自黄州启程后，前后奔波于路途已达400余日。此时的朝政风云诡谲，神宗去世后，哲宗年纪尚小无法亲政，由神宗母亲高太后垂帘听政。高太后一直反对变法，她听政后的第一件事就是起用司马光，那些曾经因反对变法而受到打压的大臣们也开始重新受到赏识，苏轼就是其中之一。果不其然，正当他在常州生活惬意时，又收到朝廷调令，命他赴登州（今山东蓬莱）上任。

选择哪里为终老之地？苏轼犹豫不决

苏轼的一生起伏跌宕，落到过最低处，也几近触碰到北宋政坛的最高处。刚抵达登州不久，苏轼又被朝廷调回京城，随后一路从六品升至正三品，到过杭州、颍州、定州等地任知州，为每一个走过的城市留下大量治理经验，深受民众爱戴。

元祐八年（1093），高太后去世，宋哲宗亲政，这对于当时党争严重的时局影响重大。在哲宗的支持下，"变法派"大臣再次出任朝廷重职，彼时的他们已然抛弃了王安石时期的变法精神，而以打击"元祐党人"为目标，苏轼进而被贬至惠州、儋州，在岭南和海南度过了坎坷又超然的最后几年。

元符三年（1100），宋哲宗病逝，弟弟赵佶继位，是为宋徽宗。彼时，垂帘听政的是神宗妻向太后，政局再一次反转，这对被贬至海南的苏轼而言是个好事。果不其然，没过多久朝廷就大赦天下，苏轼得到诏令，他终于可以从谪居三年的儋州北归，至廉州安置，不多时朝廷又命他迁移到湖南

常州

[北宋]赵佶 《池塘秋晚图》

永州。奔波的路途还未结束,他又接到另一则命令:"复朝奉郎,提举成都府玉局观,外军州任便居住。"其中"任便居住"四字给了苏轼莫大的欣喜,这意味着他可以自己决定去哪里安顿余生。

自从获得特赦以后,苏轼就一直在思量和犹豫到底去往何处归老,亲朋好友也不断来信为他建议。

此时,弟弟苏辙居住在河南颖昌(今河南许昌)。兄弟二人历来感情深厚,在得知苏轼放还北归后,苏辙写信极力劝说苏轼到颖昌来与他共度晚年。而苏轼的旧友李公寅又说舒州风土人情极美,劝他到舒州(今安徽安庆)定居。但他自己曾经早已选择好了归老之地常州。他曾两度在常州买田,谪居在海南的时日里,大部分亲眷也并未随他渡海,而是留在了常州。

> 度岭过赣,归阳羡,或归颖昌,老兄弟相守过此生矣。
> ——《与孙叔静》
> 偶得生还,平生爱龙舒风土,欲卜居为终老之计。
> ——《与李唯熙》

> 此行决往常州居住，不知郡中有屋可僦可典买者否？
>
> ——《与钱济明》

然而路途实在劳顿，一家人需要尽快安顿，考虑到苏辙经济也不宽裕，苏轼并不想增加弟弟的负担。所以在众多的选择中，苏轼内心更倾向于定居常州。

> 行计屡改。近者幼累舟中皆伏暑，自憨一年在道路矣，不堪复入汴出陆。又闻子由亦窘用，不忍更以三百指诿之，已决意旦夕渡江过毗陵矣。
>
> ——《与黄师是》

但苏辙却再三来信，信中"云桑榆暮景，岂忍再次离别"，纸短情长，令人潸然泪下。苏轼终是不忍拒绝苏辙之情，答应他前往颍昌安置。

> 居常之计，本已定矣，为子由书来，苦劝归许，以此胸中殊未定，当俟面议决之。
>
> ——《与钱济明书》

但苏轼心中仍是忐忑不安，这其中有一重要原因，乃是颍昌离汴京太近。彼时的苏轼，只愿远离朝政中心，也即远离是非。

时间来到建中靖国元年（1101）五月中旬，苏轼让儿子

常州

们回常州收拾行装准备搬家，自己则与表弟程德孺、好友钱世雄一起同游金山。苏轼晚年名篇《自题金山画像》正是这次游历时写下的：

> 心似已灰之木，身如不系之舟。
> 问汝平生功业，黄州惠州儋州。

也正因为此次游历，苏轼的定居归宿再次变更。他从程德孺处听说，汴京城里局势尚不明朗，或许还有翻转的迹象，种种不利于他的消息纷至沓来。苏轼早已无心参与这些纷争，立刻打消了前往颍昌的念头，他写信告诉苏辙：

> 兄近已决计从弟之言，同居颍昌，行有日矣。适值程德孺过金山，往会之，并一二亲故皆在坐。颇闻北方事，有决不可往颍昌近地居者。今已决计居常州，借得一孙家宅，极佳。
>
> ——《与子由弟》

此"孙家宅"就是苏轼最后在常州的住址，即后来的"藤花旧馆"，今天的常州市苏东坡纪念馆。

藤花旧馆：苏轼人生的最后40余日

此后，苏轼慢慢游历前往常州。他曾在真州置办有几处田产，如今手中紧张，他计划变卖真州些许产业，于是便在真州停留了数日，此处离常州已然不远。在这里，他遇到了多年不见的老友米芾。米芾与苏轼同为"宋四家"，他在真州办了画院，邀请苏轼同去游赏。

彼时已经进入六月，酷暑难耐。苏轼此时已经66岁，在古代算是高龄，而且他刚从海南返回不久，一路奔波，生活极不安定，身体早已虚弱。在写给米芾的书信中，他记录了这段时间的身体情况。

> 海外久无此热，殆不堪怀。柳子厚所谓"意象非中国人"也。

六月初三，他因吃了些许生冷食物，半夜拉起了肚子，一连几天腹泻不止，消化系统几乎紊乱。

> 某食则胀，不食则赢甚，昨夜通旦不交睫，端坐饱蚊子耳。不知今夕如何度？
>
> 两日来，疾有增无减。虽无闸外，风气稍清，但虚乏不能食，口殆不能言也。

六月十二日，苏轼离开真州，经润州前往常州。六月十五日，苏轼的船抵达常州奔牛埭，今天的常州奔牛国际机场即大致在此区域。当日，苏轼在常州的好友钱世雄早早在岸边等候。见到钱世雄，苏轼缓缓起身向他托付后事："我与子由，自从贬往海南后就不曾再见，倘若就此诀别，此痛难堪,其他倒是没什么可说的。"

不过多久,苏轼又嘱咐钱世雄,他已经完成了《论语说》《书传》《易传》三书,现托付给钱世雄,暂时不能让别人知道,但相信三十年后,会有人知道的。钱世雄急忙安慰苏轼:"您一定会康复的,来日方长,不必交代这些。"

随后,钱世雄将苏轼接入早已租借好的孙氏馆。他几乎每日前来与苏轼聊天,有时也一同欣赏诗文,苏轼的病情则时好时坏。七月十二日,苏轼突然感觉身体有所好转,他的心情也好了许多,当即说要给钱世雄写几首诗。此段经历见于北宋何薳所撰《春渚纪闻》中"东坡事实"一卷:

> 六月自仪真避疾渡江,再见于奔牛埭。先生独卧榻上,徐起谓某曰:"万里生还,乃以后事相托也。惟吾子由,自再贬及归,不复一见而决,此痛难堪。"余无言者。久之复曰:"某前在海外,了得《易》《书》《论语》三书,今尽以付子,愿勿以示人。三十年后,会有知者。"因取藏箧欲开,而钥失匙。某曰:"某获侍言,方自此始,何遽及是也。"即迁寓孙氏馆,日往造见,见必移时,慨然追论往事,且及人间出岭海诗文相示,时发一笑,觉眉宇间秀爽之气照映坐人。七月十二日,疾少间,曰:"今日有意,喜近笔研,试为济明戏书数纸。"遂书《惠州江月》五诗。明日又得《跋桂酒颂》。

但这也许是回光返照,仅两天后的七月十四日,苏轼的病情开始急剧恶化。他在写给钱世雄的书信《与钱济明书》中提到：

> 某一夜发热不可言，齿尖出血如蚯蚓者无数……细查疾状，专是热毒，根源不浅，当专用清凉药。

苏轼自己有一定的医学知识，他自我诊断为热毒。但几日过后，病情依旧不见好转。他将亲眷都唤来身边，说道："吾生无恶，死必不坠。"在临终之日，苏轼依然是平静而达观的。

径山寺长老维琳是苏轼在杭州任职时结识的好友，他得知苏轼病重，专程前来探望，作《常州东坡问疾》。苏轼精研佛学，在杭州的两段任期内他与僧侣交游频繁，对他的佛学思想有重要影响。七月二十六日，苏轼作《答径山琳长老》以回维琳，这便是苏轼的绝笔诗，云：

> 与君皆丙子，各已三万日。
> 一日一千偈，电往那容诘。
> 大患缘有身，无身则无疾。
> 平生笑罗什，神咒真浪出。

在苏轼生命的最后时刻，他对死亡的态度是极为平静的，他并不相信所谓神妙咒语真能治病救命，觉得此等念咒挽救生命之法十分可笑，因此让维琳也不必再说偈语，就平静坦然地接受死亡吧。

常州

七月二十八日，苏轼进入了弥留之际，好友维琳、钱世雄在身侧呼唤他，儿子苏迈含泪上前询问后事，但苏轼已无力回答，湛然而逝。

苏轼病逝的消息很快传遍全国，吴越之民，相哭于市。四方震悼，山河同悲。

他的学生黄庭坚、张耒等人日日祭奠。远在汴京，数百名太学生自发聚集为苏轼举行仪式，其中一些人甚至仅是听过苏轼的为人和故事，可谓是举国哀悼。苏轼对时人、对后世的影响是不言而喻的。

在最后的时日，苏轼将凝聚了苏门父子三人心血的三部手稿《论语说》《书传》《易传》交由钱世雄，请他在自己离世后帮忙出版。彼时，政局尚有变数，苏轼作品无法公开于世。但常州百姓皆知，这就是苏轼的遗稿。

不久后，一本名为《毗陵易传》的书籍在民间流传开来，作者毗陵先生，即苏轼。而毗陵，正是常州古名。

常州孙氏馆是苏轼最终的居住之地，自此之后成为文人墨客悼念的场所。南宋孝宗乾道年间，郡守晁子健立苏文忠公祠于其左近，元代又改建为东坡书院。元末，苏轼居所孙氏馆毁于战乱，苏文忠公祠抑或东坡书院，皆无迹可寻。即便如此，东坡当年寓居之所孙氏馆的大致方位流传有序，常州士人时时在周围凭吊。明代之后，常州人在此处复建祠堂、东坡书院、孙氏故址等。又因流传有苏轼当年曾在此手植藤花的故事，将孙氏故址命名为"藤花旧馆"。

其后数百年，常州不少饱学之士出于对东坡的仰慕，纷纷结邻卜居于藤花馆周围，例如写有"江山代有才人出，各领风骚数百年"的清代大诗人赵翼,就因"贪慕东坡",居于藤花旧馆近处。历史上有名的常州词派、常州画派、阳湖文派等,或多或少都受到了苏轼的影响。有清一代,常州文人皆以能与东坡比邻而居为荣。直到今天,我们依然能在藤花旧馆附近找到赵翼故居、管干贞故居、赵怀玉故居,以及清代大画家汤润之故居……遍地是名人故居的常州,因东坡的一树藤花,将文脉绵延至今。

如今,藤花旧馆所在的前后北岸历史街区,已成为常州市历史文化最集中的区域,而藤花旧馆,正是这一文脉的根源与中心。

苏轼与常州百姓的双向奔赴

苏轼与常州的感情很深,这种感情是相互的。细查史料,可见苏轼与常州大大小小的故事,

齐白石 《紫藤》

常州

在和两位苏轼后人的交谈中,他们的言谈之间也倾注了传承千年的情感,令人惊叹。其中有三则故事尤为令人动容。

一则是记载于《梁溪漫志》中"阳羡赠屋"的故事:

苏轼自海南北归后,选择定居在常州阳羡。在与他相处甚好的士人邵民瞻的推荐下,苏轼"倾囊仅能偿之",花费五百缗(缗,穿铜钱的绳子,每串一千文为一缗)买入了一处合心意的老屋,占卜选取吉日入住新宅。

但没想到的是,不久后的一个晚上,苏轼与邵民瞻月下散步,两人走到一处村落,听闻有人正在屋内大哭,哭声甚哀。苏轼恻隐之心一动,和邵民瞻一起推门进入屋中,看见屋中有一老妇人在哭泣。

苏轼立刻上前询问缘故。老妇人说道:"我原本有一老屋,相传已有百年。但我的不肖儿为了偿还债务,将它卖给了别人,我们才不得已搬来此处。老屋与我家相伴百年,如今诀别,这才悲泣如此。"苏轼又问:"您家的老屋在何处?买您老屋者又是何人?"老妇人说:"卖给了一位有名的苏学士。"苏轼这才明白,老妇人口中所说的"老屋",正是自己购买的那幢房子。

于是苏轼再三宽慰老妇人,并立即让人取来了房契,当着老妇人的面焚烧掉。苏轼还叫来她的儿子,让他第二天接母亲回老屋去,却全然未提退还钱款一事。

苏东坡从此就回到毗陵,不再买房子,而是借顾塘桥孙家的房屋暂时居住。

"苏轼来常州不是路过,古时的交通不像现在这么方便,就算是在出差的路上,苏轼也会专门过来。"苏慎说道,"以前的研究说苏轼一共来过常州11次,但我们考证下来有14次之多。"这14次苏轼与常州相遇的故事,大都由当地人的口口相传保留下来。也正是因为如此,才使得常州与苏轼的关系显得格外不同。"在常州,每个地方都有与东坡相关的感情故事,这是极为特别的。"

另一则故事,是常州市东坡公园中、京杭大运河畔"舣舟亭"的由来。

"很多人都不知道这个'舣'是什么意思,其实就是靠岸停船。"苏轼第30世孙、常州市苏东坡纪念馆副馆长苏东这样解释道。

熙宁六年(1073),常州由彼时的杭州统一管理,当时出任杭州通判的苏轼受任前往常州、润州(今江苏镇江)等地救灾赈饥。

路过常州的时候正巧赶上除夕,苏轼的船却停在了距离毗陵驿站仅数里的地方,正欲通报常州官府的手下也被苏轼拦住了。"如果通报当地官府,当地官员和百姓就要接待,肯定就过不好年了,"苏慎讲道,"苏轼可能考虑到了这一

[清]钱维城 《苏轼舣舟亭图卷》

常州

［清］钱维城 《苏轼舣舟亭图卷》后记

点，觉得不应该打扰大家，所以他就把船停靠在常州城外，也就是现在的东坡公园。人们为了纪念苏轼，就在此建造了这个舣舟亭。"

这一夜，苏轼在常州留下了《除夜野宿常州城外》两首诗。

其一

行歌野哭两堪悲，远火低星渐向微。

病眼不眠非守岁，乡音无伴苦思归。
重衾脚冷知霜重，新沐头轻感发稀。
多谢残灯不嫌客，孤舟一夜许相依。

其二
南来三见岁云徂，直恐终身走道途。
老去怕看新历日，退归拟学旧桃符。
烟花已作青春意，霜雪偏寻病客须。
但把穷愁博长健，不辞最后饮屠苏。

其中"多谢残灯不嫌客，孤舟一夜许相依"成为千古名句，凝结了苏轼对常州的深厚情感。由诗中可知，即便当时天气寒冷，苏轼仍旧坚持将船泊在常州城外。苏慎说，因为这一份体恤百姓的心，常州人至今依旧感念东坡。

"东坡来常州的时候，迎接他的场景是万人空巷。公元1102年他的灵柩离开常州时，为他送别的民众也是人山人海。可以说，东坡在常州是深得人心的。"苏东讲道。

对此，宋人邵博所著的《邵氏闻见后录》就曾有记载：

> 东坡自海外归毗陵，病暑，着小冠，披半臂，坐船中。夹运河岸，千万人随观之。东坡顾坐客曰："莫看杀轼否？"其为人爱慕如此。

清康熙、乾隆二帝南巡时，在此兴建过万寿亭行宫，重修过舣舟亭。

常州

最后一则故事是苏轼被贬往惠州和海南儋州后，常州人对苏轼的万里寄情。

苏轼被贬往惠州后，常州的年轻僧人卓契顺见苏迈极为担心苏轼，便提议自己为苏迈传递家书。卓契顺带着苏轼家属和常州士人们的问候信，徒步跋涉、风餐露宿近两个月到达惠州，亲自将亲友的信件交给苏轼。苏轼感动不已，询问卓契顺想要什么，他却无所欲求，并说："我正是因为无所求，所以来惠州。假若有所求，你在京都时我为何不去呢？"

随后，苏轼又被贬至海南儋州，常州人也万里探望。葛延之与苏轼本素不相识，因仰慕苏轼为人，担心他在海南缺衣少食，于是独自带了江南的特产，不远万里，跨越海峡，前来看望苏轼。此事在宋人费衮的《梁溪漫志》中就有此记载，云："担簦万里，绝海往见，留一月。"苏轼留葛延之在儋州居住了一个月，还教授了葛延之写作之法。临别时，葛延之赠给苏轼龟冠以祝福他长寿，苏轼回诗一首《葛延之赠龟冠》以示感谢。

在常州偶遇东坡：苏轼在常州留下的民间故事

现在说起常州之于苏轼，很多人只知道他在此度过了人生的最后时光。但实际上，经过常州市苏东坡研究会的考证，苏轼来常州有14次之多。每一次的停留，他都在常州留下了故事。常州人对苏轼的感情颇深，使这些故事得以流传至今。

"哪怕只在常州武进住了几天,苏轼也为百姓做了不少好事。"苏慎讲道。

苏轼在杭州疏浚了古井、西湖,治理了运河,在徐州也曾抗过洪,在海南儋州更是帮助人们挖了一口井水,改变了人们饮用咸积水的情况。而在常州,苏轼也与这里的水"结缘"。

相传,苏轼居住在常州之时,也曾经帮助当地的村民挖了一口井。相比之前又苦又不干净的井水,这口井的井水香甜可口,大大改善了当地百姓的生活条件。这一口井也被取名为"香泉井"。正是因为这一口井,越来越多的人在此定居,人们称这个村落为"香泉村",至今也没有改变。

香泉村旁边的村落叫作迈步村,这个地名同样与苏轼有关。苏慎介绍说,这个村子以前叫作"晚步村",就是苏东坡晚上散步的地方。苏慎提到,因为常州百姓格外敬重和爱戴苏轼,才会出现这么多与他相关的地名。

"东坡就是这种很热心的人。他在常州住的时候,天不亮就出去查看百姓的生活情况。"苏慎说道。苏轼走出门去,看到虽然天还没有完全亮,但很多小孩子已经开始诵读诗书了,他感到非常高兴。"苏轼说这个地方的读书氛围非常浓厚,便给这个地方起名为'颂渎'。"所谓"渎",就是河流入湖的口岸,在常州,很多地名里都有"渎"。除了"颂渎",常州还有一个叫作"芸渎"的地方,原本作"耘渎",究其来由也是因为当地勤奋好学的民风而得名。

或许正是因为这种勤奋好学的态度,常州才涌现出许多文化名人。比如常州词派的张惠言、常州画派的恽寿平等。苏轼在常州殒没,而在他之后,又升起了更多的文化名家,也能够算作是文脉的继承。

在苏东的讲述中,苏轼还为江苏留下了一座漂亮的玉带桥。相传熙宁七年(1074),苏轼在宜兴游玩,曾经被一条河拦住了去路。"现在看起来这条河并不大,但因为当时没有桥,老百姓无论是去河对岸种地还是路过,都要绕很远的路。"苏东介绍道。为了能够让百姓的生活更加便利,苏轼便把象征着官员身份的腰带取下来捐赠给当地,并号召群众一起捐款在河上建一座桥。彼时的苏轼,既是杭州太守,又是名声赫赫的文学家。因此在他的号召下,钱很快就凑齐了。这座桥后来就被称为"玉带桥",或是"东坡玉带桥"。"虽然现在看起来这只是一个拱桥,但实际上整座桥被造成了一个整圆的形状,非常牢固。这是很了不起的事情。"苏东说道。

除了与民生相关的故事,苏轼还因为自己的四川口音留下了一个笑谈。

苏轼在杭州任职的时候,非常喜欢出游。在一次出游常州的途中,苏轼和好友佛印和尚偶遇了一座桥。这座桥又高又陡,他们爬到桥中央时已是气喘吁吁。苏轼一边大喘着气,一边对自己的好友说道:"这个桥,可真够爬的。"但当地的百姓因为不明四川话的读音,误将"够爬"认作"狗爬",因此,就在当地留下了这么一座"狗爬桥"。

相传苏轼谪居宜兴蜀山南麓的时候,曾经自己亲手制作过一个茶壶。后来,相同形制的壶也被人们称作"东坡壶"。

"人间珠宝何足取，宜兴紫砂最要得。"宜兴生产紫砂泥，自古以来盛产紫砂壶，为爱茶人士所追捧。明代的茶业评论家周高起所著的《阳羡茗壶系》里有记载：

> 而尚宜兴陶，又近人远过前人处也。陶曷取诸，取诸其制，以本山土砂能发真茶之色香味，不但杜工部云"倾金注玉惊人眼"，高流务以免俗也。至名手所作，一壶重不数两，价重每一二十金，能使土与黄金争价。

在历史的长河中，人们逐渐淘汰了银壶、锡壶、福建和江西所产的瓷壶，而尤其崇尚宜兴所产的紫砂壶。因为以紫砂土制作的茶具，泡的茶能够达到"色香味皆蕴"的程度。对此，杜甫也曾经写过"倾金注玉惊人眼"来赞叹紫砂壶。若是名手制作的紫砂壶更是名贵无比，可与黄金比价。

传说宋朝大学士苏轼居住在蜀山的时候，曾经看到当地的人们在制作紫砂壶。经过当地人的介绍，苏轼才了解到这个宜兴产的宝物，便也开始使用紫砂壶泡茶喝。但是用着用着，苏轼就觉得普通紫砂壶的容量太小，实在是不够装。于是他转念一想，何不自己动手做一个壶呢？

于是苏轼开始制作属于自己的大茶壶。他也选择取用宜兴本地所产的紫砂土，参照着肚大腰圆的灯笼模样，做出来了一个茶壶。但是问题在于这个茶壶又大又圆，实在是不好拿。所以这位"建筑奇才"又参照着房梁的设计，给茶壶装上了一个提梁。苏轼看着自己制作的茶壶，得意地写下了

常州

明嘉靖提梁壶

"松风竹炉,提壶相呼"的雅句。宜兴也得到了一个模样好看又实用的茶壶——提梁壶。因为这样的传说,后世也把提梁壶称为东坡壶、提苏、东坡提梁壶。

采访手记

每个热爱东坡的人，都应该去常州走走

在浙江读书的时候，我曾无数次地听说过这座城市的名字——常州。但第一次踏上常州，却是这一次的"寻路东坡"之旅。2023年2月9日，封面新闻的"寻路东坡"报道组江浙小分队到达了常州，这个让苏轼托付人生最后40余日的地方。

在结束了杭州的采访后，我们乘坐高铁前往常州，路上一共花费了3个多小时。即便是在交通极为发达的今天，所花的时间也并不算短。因此，当常州市苏东坡纪念馆副馆长苏东提到，苏轼很多次"路过"常州应该是有意为之的时候，我是赞同这一点的。在常州短短一天半的时间里，这里留给我的印象非常好。除了景色之美，常州人的质朴和热情也给我留下了很深的印象。或许这就是苏轼所说的"独徘徊而不去兮，眷此邦之多君子"。

我们在常州的时候都在下雨。春雨细丝丝的，落在哪里都听不见声音。整座小城静悄悄的，没有鸣笛声，没有嘈杂的人声。常州市中仍存的藤花旧馆，是苏轼的终老之地，也是如今常州市苏东坡纪念馆的所在地。我们坐在馆中，和苏东以及常州市苏东坡研究会顾问苏慎一起喝着红茶，驱散还没有彻底消散的春寒。在娓娓道来的东坡故事里，我感受到

了这座城市的温柔。在千年之前，或许这座小城的温柔，也曾治愈这位漂泊一生的诗人。

越了解苏轼，就越佩服他。他胸怀宽大，在颠沛流离的一生中，每到一个城市，就平等地爱着这个地方，对待每一个地方的百姓都像家人一般。因此，在他到过的每一个城市中，都会留下无数美谈。既有这种"为民"的心态，作为官员的他留下斐然的政绩也是再正常不过的事情。这一点，在常州格外明显。

苏轼在其他城市的经历，基本都有大量的文献记载。但我们在常州听到的故事，更多是人们口耳相传的版本。狗爬桥的笑谈、舣舟亭的由来、香泉村的故事，从千年前流传到现在。这些建筑或地名，至今仍旧存在。在常州，你可以随时随地"偶遇"苏轼。

虽然这些故事是苏轼留给常州的关怀，但反过来想想，这又何尝不是常州人对苏轼的惦念呢？一个人与一座城市的故事，不通过文本，而是通过记忆世代流传下来，那这个人一定是极受敬重的。苏轼就是这样。

藤花旧馆中种了一批竹子，风一吹就有"沙沙"的声音，倒显得常州更加静谧。其实我是不喜欢下雨天的，尤其是江南的雨，下个没完，再加上倒春寒，实在是冷得人头疼。但这一趟的采访我却没有这种感觉，不知道是因为东坡的故事实在好听，还是自己把东坡这种"也无风雨也无晴"的精神落实了百分之一。我只知道，每去一个地方，原本的文字就变得鲜活了起来，所谓的"东坡文化"也不再只是一个名词解释。

一生安息处

河南郏县

河南开封
江苏徐州
江苏常州
湖北黄冈
浙江杭州
四川眉山
广东惠州
海南儋州

一生安息处，"归乡"小峨眉

2023年2月，封面新闻大型人文采访活动"寻路东坡"的最后一站，记者抵达苏轼、苏辙的埋骨墓园所在地——河南平顶山郏县。出发前，记者特别带上由眉山三苏祠工作人员准备好的水、土，一路辗转，乘坐飞机、高铁来到河南平顶山郏县，然后打车前往距离郏县县城西北23公里的茨芭镇苏坟村三苏园。在三苏坟前，记者将眉山水、土转交给苏家后人。

早春时节，河南平顶山郏县小峨眉山下。三苏坟墓园内，阳光灿烂透亮，宛转流动。

苏辙第33代后人，平顶山市三苏文化研究会副会长兼秘书长苏明奇，从封面新闻记者手中接过来自眉山三苏祠的古井水和苏家旧宅之土。神情肃穆的他缓步走到三苏坟前，将这跨越千里的水、土，分撒在苏洵、苏轼、苏辙坟前，轻声说道："洵公、坡公、辙公，四川老家来人了，带来了家乡的水土，以慰乡情。你们在全国很多地方都有后人，其中在河南的后人也已经在这儿扎根了，过得也很好。你们安息吧。"

郏县

远隔1000公里，故园与墓园，生与死，通过这一捧水、土，得到令人欣慰的联结。

自北宋末年苏轼、苏辙兄弟先后安葬于郏县小峨眉山下至今，历史的车轮已向前辚辚滚动了900多年。900多年来，这块苏家墓园虽历经无数风雨涤荡，但经多代仰慕三苏人士的接力保护，没有遭到大的破坏，至今依然傲立在这片久经沧桑的土地上。三苏尤其是苏轼的诗词文章和为人风范，穿越时间长廊，愈发醇香，吸引历代名官贤宦，仰之慕之；众多文人雅士前往拜之谒之，歌之咏之。在三苏坟院，前来拜谒三苏所生发的诗词文章，随处可见，堪称层层叠叠的隔空"弹幕"。

此外，缜密严谨的学者也不断考之证之，力图拨开时间带来的迷雾霜尘，以便更清晰地目睹历史真容。尤令人感动的是，三苏坟所在的郏县当地百姓，以淳朴善良之心，崇之敬之，爱之护之，对二苏埋骨郏县，引以为豪。围绕三苏坟，仰慕三苏的人们跨越时空阻隔，使其不光成为中原一景，更成为一个聚合情感的园子，一个文化的场域。

二苏葬郏以及苏洵衣冠冢形成的三苏坟，是中原大地一笔宝贵的文化财富。郏县三苏坟与眉山三苏祠，一北一南，遥相呼应，文化辐射大半个中国。从这个角度来说，三苏还"活"着。与大地融为一体的肉身，活在后人的念想中；永恒不朽的，是他们绵延不断的文化生命。

54年前苏辙次子墓被水冲开，确认二苏葬郏事实

《宋史》有云："轼三子：迈、迨、过，俱善为文。"除了不到一岁便早逝的一子外，苏轼有三个儿子：苏迈（字维康）、苏迨（字仲豫）、苏过（字叔党）。

宋徽宗建中靖国元年（1101）七月十八日，苏轼自知时日不多，把三个儿子叫到病榻前说："吾生无恶，死必不坠（地狱）。"其弟苏辙在《亡兄子瞻端明墓志铭》中记录了这一幕："未终旬日，独以诸子侍侧，曰：'吾生无恶，死必不坠。'"

七月二十八日（公元1101年8月24日），苏轼病逝于常州。次年六月，其弟苏辙遵其遗嘱，将之迎葬于河南郏县小峨眉山下苏氏墓地。

苏轼去世11年后（公元1112年，宋徽宗政和二年），自号"颍滨遗老"的苏辙卒于颍昌（今许昌一带），与苏轼葬于一处，伴兄长眠，称"二苏坟"。二苏之父苏洵此前已葬于四川眉州故里。200多年后，元朝至正十年（1350）冬，郏县县尹杨允到苏坟拜谒，感"两公之学实出其父老泉先生教也"，遂置苏洵衣冠冢于两公墓地之间。自此，"苏坟""二苏坟"始称"三苏坟"。

当年苏轼季子苏过与叔父苏辙一起将苏轼迁葬于汝州郏城县小峨眉山之后，为便于看守父亲坟墓，便长住在那里。苏轼次子苏迨曾在广东任职，如今知名度比较高的广州晴川苏公祠所说的"苏公"就是指苏迨之子苏箕——苏轼的孙子。苏箕去世后，其子孙就定居在广州车陂村一带。苏

赠

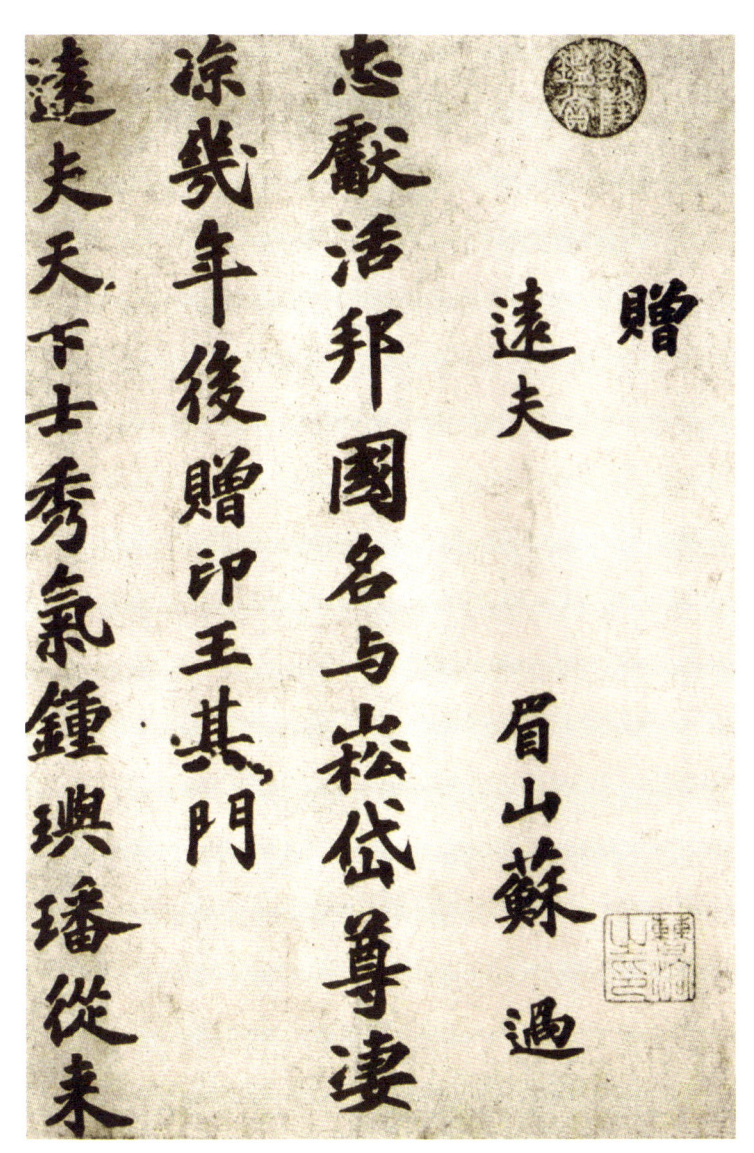

远夫

眉山苏过

忠献活邦国名与嵩岱尊凄
凉几年后赠印玉其门
远夫天下士秀气钟舆璠从来

[北宋]苏过 《赠远夫诗帖》（局部）

箕，号晴川。车陂村后人为了纪念他，修建了晴川苏公祠。除此之外，广东的顺德、惠州、东莞、新会等地都有苏轼的后裔。他们在每年的清明、重阳节都会到苏家山以及苏轼的埋葬地河南郏县祭拜。苏轼后裔比较多的地方还有江苏的宜兴、无锡，浙江的奉化、慈溪，河南的许昌等。

北宋崇宁年间，苏辙决定到颍昌终老，筑室于颍水之滨，自号"颍滨遗老"，不与人相见近10年。他潜心写下《颍滨遗老传》，记述自己一生的经历、言论。许多年后，苏桥镇南村村民在村中墓地挖出一通石碑，上书"始祖苏英"等字样。据考证，苏英为苏辙第7世孙，元代人，后裔遍布许昌、长葛、禹州等十几个村。

三苏园里除了有三苏坟，还有苏仲南夫妇墓。苏仲南系苏辙次子苏适（kuò），字仲南。苏仲南夫妇墓位于三苏陵园东南方向，1969年，当地生产队在浇灌农田时发现了被水冲开的苏仲南夫妇墓穴，发掘出来的墓志铭上写着"……宣和五年十月晦日，合葬于汝州郏城上瑞里先茔之东南巽隅……"后经苏学界专家综合考证，最终确定二苏葬郏的事实。郏县是苏轼、苏辙真墓所在地，目前已为学界乃至社会所普遍认同。

苏坟夜雨、思乡古柏……当爱和敬佩熔铸成时光的"包浆"

受到历代人保护的三苏坟，近年来被逐渐扩大，如今

郏县

已变成占地几百亩的三苏园，成为郏县当地的一个标志性人文旅游景区。早在2006年5月，郏县"三苏祠和墓"就被国务院公布为第六批全国重点文物保护单位。如今三苏园园区内不仅有三苏坟、苏辙次子苏适夫妇墓和苏辙长子苏迟夫人梁氏墓，还有三苏祠、三苏纪念馆、东坡碑林、苏轼中年布衣塑像、东坡湖等。苏轼中年布衣塑像高4.2米，像座高3.5米，由磨光青石砌成，工艺细腻，形态逼真。

据苏明奇解释："之所以把东坡造成布衣像，是想让他以老百姓的身份和大家在一起，因为他平时为大家做了很多事情。造福老百姓，是苏东坡最大的功绩，所以老百姓真心喜欢他。"

位于三苏园核心位置的是三苏坟。坟院四周环有墙垣，南垣正中开院门，古朴典雅。院门两边所蹲石狮森严肃穆。入口是一个规模不大的门楼，门楼上悬一匾额，上刻"三苏坟"，乃当代著名书法家启功手迹。门楼两侧有一副楹联"一代文章三父子，千秋俎豆两峨眉"，道出了后人对三苏尤其是苏轼千秋不减的崇敬。入院门迎面可见一个高大的红石牌坊，楣端刻有明代郏县学者、任浙江右布政史王尚䌹所题的"青山玉瘗"四个大字。"瘗"字生僻，是何意？"瘗"字在字典里有"掩埋、埋葬"的意思，且"瘗"字由病字旁、"郏"字左半边和一个"土"字构成，郏县人赋予了它一个特别的解释，即苏轼因病去世后葬在了郏县这片土地上。牌坊两侧石柱楹联书写着"是处青山可埋骨，他年夜雨独伤神"，为苏轼《狱中寄子由》诗中的两句。牌坊右侧石碑上有"苏园听雨"四字，左侧石碑上刻着现代著名诗人

郏县三苏坟　纪陈杰／摄

臧克家所题"仰望东坡"四字。此外，有一块石刻横幅，细看为清道光四年（1824）郏县县令李虎臣重修三苏坟时写的《祭三苏文》。因为时光侵蚀，还有不少石刻印迹已不清晰。但置身此境，可以强烈感受到，曾有无数仰慕三苏的人来过此地拜谒，留下他们的字迹。这里可称为一个穿越古今"对话"的现场。穿越红石牌坊继续直走，会遇到飨堂。穿越之，迎面就看到三苏墓：正中是苏洵衣冠冢，右为苏轼墓，左为苏辙墓。三座坟冢由东北向西南一字排开。

奥地利现代作家茨威格于1928年到俄国旅行，拜谒了托尔斯泰墓，有感于托墓之朴素，称颂它为"世间最美的坟墓"。三苏墓冢的朴素也令人印象深刻：埋骨的黄土与斑驳的草茎，在阳光下一片静谧。还未出农历正月的中原，新芽未吐，草色未青，盛大的春天还没有到来。园内遍植柏树，凌冬不凋，陪伴着长眠地下的二苏兄弟。

郏县此处多西北风，按照一般科学规律，柏树顺风应向东南倾斜，但三苏坟院里所有柏树的树干均向西南方向倾斜。当地人把这种非同寻常的现象，与三苏故里四川眉山位于河南郏县之西南方向联系起来，进而体悟苏轼、苏辙兄弟遥望家乡的心境，将三苏坟院的柏树称为"思乡柏"。苏坟"思乡柏"与当地的一句民谚"苏坟柏树数不清"一起，成为当地人津津乐道的佳话。

三苏坟前的思乡柏　张杰／摄

此外，三苏坟的柏树，还催生出一道叫"苏坟夜雨"的奇观。清代顺治年间，郏县县令张笃行拜谒三苏，夜深人静之时，忽听门外风雨大作，便开门想要观看雨景。使他感到十分意外的是，屋外不但没有下雨，反而月明如昼。实际上，他听到的"雨声"是风拂柏树树叶的声音。对此苏坟奇观，张笃行遂写词留念："风声瑟瑟雨声哗哗，风大不鼓衣，雨大而不湿襟。"后人屡试屡验，此情景被称为"苏坟夜雨"。该奇观还被列为郏县一大胜景，为文人墨客所常咏，比如"走马西郊问钧台，千株翠柏此山隈。忽看隐隐峨眉见，似有萧萧夜雨来"。

"夜雨对床"，那是兄弟的生死之约

宋神宗元丰二年（1079），苏轼在开封身陷"乌台诗案"，被关押在御史台牢狱中。预料自己大限将临的苏轼，给弟弟写了一首绝命诗，其中有这样的句子："是处青山可埋骨，他年夜雨独伤神。与君世世为兄弟，更结来生未了因。"熟悉兄弟二人的人都知道，诗句中的"夜雨"，跟他们少年时代的一个约定有关。

那是二人早年学而优则仕之初、即将宦游四方之前，读到韦应物"安知风雨夜，复此对床眠"两句诗，深有感慨。于是二人约定在完成人生使命后，不贪恋功名，早日退隐，享受闲居之乐，对床而眠，共听潇潇夜雨。之后兄弟俩宦海沉浮，聚少离多，但"夜雨对床"之约成为他们在半世聚散沉浮中念念不忘的兄弟之约。

"夜雨对床"也成了二人诗歌唱和中的一个重要意象和旋律，不断出现。比如苏轼在《满江红·怀子由作》中写道："孤负当年林下意，对床夜雨听萧瑟。恨此生、长向别离中，添华发。"在《辛丑十一月十九日，既与子由别于郑州西门之外，马上赋诗一篇寄之》中，又写道："寒灯相对记畴昔，夜雨何时听萧瑟。君知此意不可忘，慎勿苦爱高官职。"并自注："尝有夜雨对床之言，故云尔。"

在常州去世前夕，未能见到在异地的弟弟苏辙最后一面，成了苏轼心中的一大遗憾。有记载显示，苏轼临终前曾对友人钱世雄提及："惟吾子由，自再贬及归，不复一见而诀，此痛难堪。"在人生大限将临时刻，他是否再次想起那个心心念念的"夜雨对床"之约？苏辙在苏轼去世后也多次写祭文追思亡兄，在《再祭亡兄端明文》中写道："昔始宦游，诵韦氏诗'夜雨对床'，后勿有违。"虽然兄弟二人生前未能实现"夜雨对床"之约，但死后同归一处，也堪可慰。苏坟的柏树林，犹如夜雨沙沙，也算是另外一种形式的"夜雨对床"吧。

翻阅《苏轼全集》的诗集部分，不难发现，出现频率非常高的两个字就是"子由"，包括示子由、答子由、次韵子由、怀子由、寄子由、别子由、迎子由、和子由……而在文集部分，也有多封苏轼专门写给子由的信。在苏轼写给其他至亲好友的信中，子由的名字也是随处可见。字里行间是子由，心心念念的也是子由。通过诗词文章，苏氏兄弟交流琐碎的日常生活，分享彼此的喜怒哀乐。兄弟二人不光是血缘上的亲人，更是彼此同声相应、同气相求的知音。

三苏坟还见证了苏轼的一段真挚爱情

三苏坟不仅见证了苏轼、苏辙的兄弟情，也见证了苏轼与王闰之之间一段刻骨铭心的爱情。苏轼共有两妻一妾，他在19岁时迎娶了16岁的王弗，两人十分恩爱。王弗27岁时去世，苏轼为之写下千古悼亡词《江城子·乙卯正月二十日夜记梦》。王闰之是王弗的堂妹，苏轼的第二任妻子。从熙宁元年（1068）到元祐八年（1093），王闰之与苏轼一起生活了25年，是陪伴苏轼最久的妻子。王闰之默默无闻地陪伴苏轼度过"乌台诗案"、黄州贬谪等人生动荡时期。

元祐八年，46岁的王闰之仙逝。苏轼痛断肝肠，在《祭亡妻同安郡君文》中写道："旅殡国门，我实少恩。惟有同穴，尚蹈此言。"苏轼于建中靖国元年（1101）在常州病逝后，其灵柩于次年从常州被运往郏城。途中，苏轼的长子苏迈前往迁移王闰之在汴京的灵柩。四月二十三日，王闰之灵柩到达颍昌。苏辙率家人路祭，作《再祭亡嫂王氏文》。闰六月，苏轼和王闰之在郏城入土安葬，兑现了生前"惟有同穴"之诺。

特别值得一提的是，郏县人、中国传媒大学副教授刘楠注意到，如今的东坡碑是元代官员重新修葺的，但碑文中没有提及与苏轼合葬的王闰之，令人遗憾："我们无法考证900多年前立碑时的情况，但我们也许可以重新为她立个碑、立个雕像，或者树立一块宣传牌。"

"二苏"为何葬郏已成为一个文史课题

围绕郏县三苏坟，有一个不断被提及的问题：苏轼原籍四川眉山，在江南常州去世，为何选择归葬于嵩山之下？事实上，关于这个谜题，多位学者着力进行过探究。"二苏"为何葬郏已成为文史领域的一个研究课题，相关论文、著述不胜枚举，但目前并无定论。不过，有几种观点流传最广。

有一种说法是，苏轼没有选择归葬家乡，主因是"路途遥远"。苏轼晚年被流放到儋州，遇赦北归，客死常州。如

郏县

果扶榇西归需穿越秦岭蜀道，并非易事。另一种说法是，按北宋官场习惯，凡在朝廷任过高品级职位的大臣，须在京师开封周边500里以内选择葬地。持该种说法者举例，祖籍江西、生在四川的北宋名臣、大文豪欧阳修就葬在河南新郑；范仲淹祖籍邠州（今陕西彬州），后迁居江苏吴县，病逝于江苏徐州，葬于河南伊川等。但有人查阅《宋史·礼志》，发现其中并无相关规定或记载。我们向河南大学教授、宋史研究专家程民生教授求教，他也回应："据我所知所查，没见过有这样的记载。我还知道，北宋重臣司马光、王安石都没有葬在中原。司马光归葬家乡陕州夏县，王安石葬于江宁半山园。"

坟，对中国人而言，是一个维系逝者社会关系、人生价值的坐标。坟前摇曳的无名草木，看似春绿秋黄、岁岁枯荣的寻常植物，却因那迎风的姿态，象征着一种倾听、一种守护、一份牵挂、一份心安……

提起坟茔，人们心中也会涌出些微的复杂情愫。但900多年来，苏坟寺村村民守护大文豪苏东坡与其弟苏辙安息地的故事代代相传，村民们无不以此为荣耀，三苏文化、东坡文化也在这里兴盛流传开来。

关于苏轼与郏县的关系，目前不少资料都提到过这么一个场景：苏轼生前曾从郏县或者附近经过，赞美这里的山似家乡峨眉山，为之命名"小峨眉"，于是嘱其弟在他死后将他葬于此地。但这种观点也有待探究。平顶山市三苏文化研究会名誉会长潘民中认为，"苏轼赞美郏县的山像其家乡峨眉山并叮嘱其弟将自己葬于此地"这一说法由元代进士曹师可在《三苏先生祠堂之记》中首倡，远自明清，近至当代，持此说者最众，但不是无懈可击。潘民中提醒大家注意，可以从苏辙崇宁元年（1102）五月初一日所撰《再祭亡兄端明文》中去找二苏葬郏的原因：

> 先垄在西，老泉之山。归骨其旁，自昔有言。势不克从，夫岂不怀。地虽郏鄏，山曰峨眉。天实命之，岂人也哉！

这几句话的意思是：苏轼自己原本是打算将来归骨老家四川的，但人算不如天算。此地虽然在郏鄏之域，但这里的山和家乡的山一样都叫峨眉。看来这一切是上天安排好的，不是人的主观愿望所能决定的。

潘民中由此段文字分析提出，郏县的山不是因为苏轼看到其像家乡的峨眉山才赞美称之"小峨眉"，而是与四川峨眉山天然同名，原本就叫峨眉。而且苏轼被葬在郏县，不是他生前亲自选定的，而是苏辙根据苏轼临终之前写给自己的一封信的意思来选定的。

北宋时期，郏城属汝州治下。郏县钧台乡嵩山之阳小峨眉山山坳的苏家葬地（今三苏坟所在地），原本是居住在颍昌的苏辙为其儿媳黄氏（族内排行称"八郎妇"）选定的。在常州病重的苏轼，在给弟弟的信中说"即死，葬我嵩山下，子为我铭"，大概指明自己愿意葬在中原。苏轼在信中还跟弟弟商量说："八郎妇可用，吾无不可用也。更破十缗买地，何如？留作葬事，千万勿徇俗也。"意思是，没有必

郏县

要再花钱为自己买葬地,用为八郎妇准备好的中原郏县峨眉山下苏家墓地即可。这些信息都表明苏轼并非早早就为自己选定在郏县小峨眉山下的葬地。

郏县所在的嵩山周围土厚水深,能成为苏轼兄弟选择的安息之地,也有其充分理由。郏县地处河南中部偏西,位于嵩山之阳、汝水之滨,古代属汝州,一直就有"宝地"之美誉,是汉初军师张良的故里。

此外,虽然中原不是三苏桑梓之地,但三苏对中原嵩山的确也有不浅的好感。在《别子由三首兼别迟·其二》中苏轼写道:

先君昔爱洛城居,我今亦过嵩山麓。
水南卜宅吾岂敢,试向伊川买修竹。
又闻缑山好泉眼,傍市穿林泻冰玉。
遥想茅轩照水开,两翁相对清如鹄。

绍圣元年(1094),苏辙在汝州任知州4个月,当遭贬离开汝州南下的时候,就于嵩山东南麓颍昌买田一廛安置下自己的子女。元符三年(1100)四月,苏辙遇赦回到颍昌居住,一直到死。苏辙在文章中,也曾提到过"葬我嵩少,土厚水深"。

二苏父亲苏洵也喜欢中原,因四川老家蜀道艰难,往来汴京不便,甚至一度考虑举家搬迁到京城附近。有诗为证:"经行天下爱嵩岳,遂欲买地居妻孥。"

后人分享最大收获:"记恩不记仇""以德报怨"

2020年秋,"千古风流人物——故宫博物院藏苏轼主题书画特展"在故宫博物院展出,苏明奇特意去了现场观看。看到先辈坡公的书法真迹,他内心既自豪又深受震动。虽然他自己没有从文,但是近些年随着对先辈了解的深入,他感觉到自己对文化越来越亲近。比如他开始认真练习书法,在笔墨流动之间,感觉能更亲近自己的先辈。

平时住在平顶山市里的他,经常会到郏县三苏园走走看看。数年来,当地政府投入大量资金,三苏园园区也由原来的总占地面积3万多平方米扩建到如今的约45万平方米。苏明奇说:"这几年郏县政府对三苏园的保护投入很大,苏家人也很感激。"这次封面新闻记者将三苏眉山老家的水、土带到郏县三苏坟,他也深表感激。他提到,现在每逢清明和东坡诞辰,全国各地的苏氏后人都会聚集到郏县三苏坟祭拜、凭吊,也有人带来过眉山的土,但"从眉山带来的家乡水,我是第一次见到"。

站在三苏园里,苏明奇望着东坡中年布衣像,思接千载,分享他从先辈东坡那里获得的最大营养:"我认为是'记恩不记仇''以德报怨'。你看,无论是王安石还是章惇,尤其是章惇,把苏东坡弄得一贬再贬,但最后苏东坡都跟他们和解了。"

苏轼与王安石因变法意见相左,一度分道扬镳。但两位大文豪只是政治见解不同,各自的人格魅力没有让他们陷入私人恩怨。宋神宗元丰七年(1084)苏轼、王安石的金陵相

郏县

会是二人关系的转折点。苏轼从黄州被调到汝州时,"道过金陵,见王安石",王安石亲往迎接,"野服乘驴,谒于舟次",还同游蒋山(今南京钟山)。此时,他们一个是前途茫茫的流放官员,一个是赋闲在家、身心交瘁的前宰相,都是仕途的失意者,又都是大文豪,不由得诗酒唱和,相处甚欢。《苏轼文集》留有两信,表明他们之间曾有比较深入的交流:"某游门下久矣,然未尝得如此行,朝夕闻所未闻,慰幸之极。已别经宿,怅仰不可言。"赋闲金陵的王安石,曾写过一首叫《北山》的诗作表达闲适心情:

北山输绿涨横陂,直堑回塘滟滟时。
细数落花因坐久,缓寻芳草得归迟。

苏轼和韵之作更为出名,他借诗充分释放了与这位政敌兼诗友彻底和解的诚意:

骑驴渺渺入荒陂,想见先生未病时。
劝我试求三亩宅,从公已觉十年迟。
——《次荆公韵四绝·其三》

后来的研究者多将此诗作为二人和解的证据。

绍圣元年(1094),宋哲宗亲政后,起用坚定的改革派章惇为宰相,重启改革。章惇因为自己曾经遭到反对派的排挤和打压,上台后便利用推行新法任免官员,对曾经反对过他的官员进行报复。因为苏东坡以前反对过变法,章惇便把苏东坡贬至惠州，后又贬至海南。那时，苏东坡已经是60多岁的老人了。然而章惇也有失势的一天，他于徽宗建中靖国元年（1101）被贬至岭南雷州，恰是当年苏辙被贬谪之地。章惇的儿子章援是苏轼的门生，想去拜访老师苏轼，但想到父亲与老师之间的过往，很是惶恐，不知道老师是否会在意与父亲的新仇旧恨，于是先写了一封信探口风。

苏轼回信表示不必再计较往日的恩恩怨怨、是是非非，不如把眼光放在未来：

> 某与丞相定交四十余年，虽中间出处稍异，交情固无所增损也。闻其高年，寄迹海隅，此怀可知。但以往者，更说何益，惟论其未然者而已。主上至仁至信，草木豚鱼所知也。建中靖国之意，可恃以安。又海康风土不甚恶，寒热皆适中。舶到时，四方物多有，若昆仲先于闽客、广舟准备，备家常要用药百千去，自治之余，亦可以及邻里乡党。

——《与章致平二首》节选

胸襟坦荡的苏轼，还将自作的《续养生论》一篇及养生药方随信寄赠，希望章惇借此颐养天年，让章援放下心来。

此时的苏轼已是风烛残年，不久就病逝在常州。

遇到朋友和知音，固然是生命之美好。但在遇到跟自己有过节的人时，相逢一笑泯恩仇，更考验人的心性。人生难免起起伏伏，先哲老子说："祸兮，福之所倚；福兮，祸之所伏。"除了一世的事功高低、观点是非，真正难能可贵的是，在起伏的人生中宠辱不惊，恪守人格道德。或许这才是苏轼、王安石这样的大文豪能垂范至今的核心原因吧。

"不循俗"的苏轼，"此心安处是吾乡"

从20多岁出蜀为官，到60多岁谪居岭南，漫长的宦海生涯里，苏轼仅仅回乡两次。之后他病逝于江南，埋骨中原。家乡时常出现在他的梦里、他的诗词里："吾家蜀江上，江水绿如蓝。""我家江水初发源，宦游直送江入海。""正似醴泉山下路，桑枝刺眼麦齐腰。""我家峨眉阴，与子同一邦。相望六十里，共饮玻璃江。"

苏轼一生，遭遇曲折，漂泊无定，但能做到随遇而安，在其所处的时代里最大限度地实现了自己的才能，实乃可贵。他没有辜负他所受的苦难，将之转化成作品，给后世留下丰厚的精神文化资源。

我们似乎不用再纠结为什么苏轼没有归葬故园，而是埋骨郏县。宦海沉浮、命运荣辱，俱往矣。一个尽情挥洒过才情、眼泪的生命，无悔也。青山净水在，何处不埋骨？三苏园里，一尊中年苏轼的布衣像，手握书卷，昂首挺立，面向西南。春风横野而过，来游园的孩童嬉笑声、少年脚步声，随着清风阵阵，被传播到墓园四周，乃至远方。

苏轼在写给弟弟那封关于葬地的信中，有一句"千万勿徇俗也"。在三苏园环顾四周，北望是连绵不断的丘陵山地，南望是一马平川的平原。入夜，明月高悬，三苏园柏林沙沙犹如细雨。曾写出"此心安处是吾乡"的苏轼,爱人间烟火,爱自然万物。小峨眉山下,有山有水,有明月,有亲人般的守护,他在这里一定也能看到故乡的模样。

  苏轼,确实不循俗也。

郏县

采访手记

这一路我们到底寻找到了什么

作为在中原长大的人,每每想起苏轼和他亲爱的弟弟苏辙一起埋骨河南平顶山郏县,都与有荣焉。外出求学、假期返乡的高铁途中,曾多次经过平顶山,会有意识地沿着广阔的华北平原往外极目远眺,感受一下大文豪安息之地。2023年春天,作为封面新闻大型策划"寻路东坡"的一个小分队,我和两位小伙伴一起走上了探寻之路,其中一站就是郏县。

郏县离苏轼、苏辙金榜题名、开启仕途的北宋都城汴京100多公里,离他们的家乡四川眉山1200多公里。由于"二苏"埋骨此地,这里也成为一个被"东坡文化"浸润的地方。这里有以东坡命名的街道,有以东坡命名的学校。而离县城20多公里远的苏坟所在村庄,直接就叫作"苏坟寺村"。

作为一个中原普通县城,郏县虽然不像蜀地多名山大川,但其位于嵩山之阳、汝水之滨,也自有特色,质朴、安静、明净。采访期间所遇当地众人,一言一行均体现出对三苏文化的热爱,对苏轼、苏辙长眠安息此地的自豪,爱之护之，令人感动、欣慰。

一位古人做过的事情、写过的作品，跨越900多年的时间长河，被后世不断传诵，并从中获取启示、汲取力量，这真是美好的境界。我们在书本上阅读苏东坡，也到大地上寻找苏东坡。文字材料与大地遗迹互证的过程，让我们对苏东坡以及其所处时代的了解，有了螺旋式的上升。

在寻路东坡的路程中，我也多次在内心叩问自己：这一路我到底寻找到了什么？作为一个人，苏轼在自己身处的时代里，充分发挥生命热情。他没有浪费自己的天赋，凭借文学成就和美好品行，超越了所处的时代。在66年的生命历程里，在孤独与爱、迷茫与奋起、外在遭遇与内心世界、自我与他人、庙堂与江湖、故土与异乡、短暂与永恒等诸多二元关系上，苏轼都做了极佳的处理。

他是如何战胜心魔，在淤泥中盛放？他是如何做到韧而不折、感而不伤，在有限的空间里最大限度地去完成自己？这也是这一趟寻路东坡旅程中一直回荡在我脑海里的问题。

"学成文武艺，货与帝王家。"当苏轼还不是东坡居士时，他是天资聪颖、才华横溢的蜀中才俊。他北上中原，走向当时王朝的中心，满腔热情地要将自己的才华施展到现实中。在他所处的北宋时期，文人受到重视，读书人有较多机会通过较为公平的科举制度，进入国家管理的团队中，成为士大夫的一员。但现实的道路往往并不平坦，性格直率的苏轼一生从政40年，在朝廷仅7年，在地方33年。纵然如此，他在地方上积极发挥才干办实事、做好事，所到之处，兴利除弊。在徐州，在杭州，在惠州，在儋州，他的事功被民众

郏县

纪念、感怀近千年。

苏轼的处世风格非一般人所能及。对于王安石带领的"新党"变法，他认为变法步子太快，操之过急，为此据理力争。因为政见不同，苏轼遭到新党排挤。后来以司马光为代表的"旧党"复起，要在一年内全部废除新法时，苏轼又表示反对，认为新法亦有可取之处，完全废除新法的做法也不妥。新党变法时，他遭受大难；旧党废新法时，他也受冷落。苏轼没有见风使舵，没有看谁得势就去依附，而是以家国天下利益为念，朝着真理而思。不把自己的个人利益得失作为言行标准，殊为可贵，令人感佩。

更耐人寻味的是，苏轼与倡导变法的新党核心人物王安石虽然政见不同，但并没有影响二人在诗词文章上的切磋交流，甚至惺惺相惜。当苏轼身陷"乌台诗案"命在旦夕之时，王安石上书皇帝为其求情，为苏轼得以从轻发落起到不小的作用。当王安石退隐金陵后，苏轼前去拜望，停留多日，二人一起谈诗论文、谈天论地，莫逆于心。

人与人的观点可以不同，意见可以相异，能够不因此上升到对人品、人格的攻击，把对彼此私下关系的伤害降到最低，苏轼与王安石之交，已成为文史佳话。苏东坡在同代有不少追随者，也不乏异代知音。有一次，我与小说家罗伟章谈到苏东坡，聊到此细节，他感慨良久说："真是高级的人。"

苏轼一生有过欢欣时刻，也有困惑之时；他曾饱享荣耀，也曾深受试炼。天才也是血肉之躯，遇到宠辱也很难做到完全不惊。遇到大挫折时，他也难免沮丧、低沉甚至惶恐。被贬到黄州的苏轼，变成了苏东坡，他会"寂寞沙洲冷"，会"有恨无人省"，但他没有一直沉溺于沮丧之中，而是转换心态，在沉默中默默积累自己。本来就爱读书的他，更加刻苦地阅读经典。比如他抄《汉书》，全文抄，多次抄；用楷书抄，用行书抄，一边抄一边练字。比如他深夜泛舟于赤壁之下，仰望星空，涵养精神。当流落到海南桄榔林下，虽生活维艰，仍想办法读书不辍。也正是在海南，他完成了《东坡书传》《东坡易传》和《论语说》三部经学著作。苏东坡善于从大自然、古人著述中寻找资源，不断滋养自己，求友于湖山间，求智于大地上，求知于先贤经典中。

1975年，21岁的诗人于坚第一次读《前赤壁赋》，这是中国经典《古文观止》中的一篇，他说："我至今依然记得《前赤壁赋》给我的那种洗礼般的感受。一篇古文，越过千年，深入我的内心，永远地改变了我的世界观。这篇文章如此安静，就像远古的河流，明澈、朴素而深邃、坚定、自信，彰显着那些古老的真理。"

苏东坡的文章，讲究"行云流水"，"常行于所当行，常止于不可不止"。其诗文常超脱格律约束，以气运笔，信笔而成，无迹可寻，却又"文理自然，姿态横生"，"清水出芙蓉，天然去雕饰"，融汇绚烂与平淡于一体。这种形式与内容恰到好处的融合，文采与内涵兼有的文章之法，也是千古独步，垂范至今。现在我们依然坚信，言之有物、自然而然是为文之大道，而那些刻意雕琢之路，仍属小技。这也是这场"寻路东坡"活动结束后，需要我不断思考研究的课题。

郏县

春天的故事，从历史走向未来。在短短一周时间内，我们一直置身于用思维和回忆重建的苏东坡人文世界里，走在跟苏东坡有深厚连接的人群里。因为苏东坡，我们与不同地方所遇之人建立了友谊，对传统文化中优秀精华的部分有了非常切身的体会。在更清晰地看到苏东坡的同时，也更深地感知到他所处的时代，触摸整个宋朝的肌理和质地。我在想，传统不只是以前的服装，也不只是留在大地上的遗迹，还应该是一种历史深处的美和善，一种推动历史演进的内在动力。我们都活在传统中，被传统塑造，同时也在塑造新的传统。

从郏县三苏园出来，暮色深沉而凉爽，夜晚的树木渗出极其清新的凉气。传统春节的喜庆气息，还在空气中清晰可感。抬头仰望，一弯新月正挂在上空。苏轼一生写过很多次月亮。"惟江上之清风，与山间之明月，耳得之而为声，目遇之而成色，取之无禁，用之不竭，是造物者之无尽藏也，而吾与子之所共适。""庭下如积水空明，水中藻、荇交横，盖竹柏影也。""料得年年肠断处，明月夜，短松冈。""明月几时有，把酒问青天。"世界还是苏轼书写过的那个世界，月亮还是苏轼仰望过的那个月亮。

时间还没有终结，当下仍深处于向未来延展的历史之中。如何才能更好地汲古润今，奔向新的旅程？带着这样的思索，从眉山到郏县，从岷江之侧到嵩山之阳，一路上我们寻路东坡。我们相信，这个春天的故事，还将会延续……

附录 苏轼人生地图

苏轼人生地图

景祐三年十二月十九日
（公元1037年1月8日）
眉山——乡邦之地

嘉祐二年（1057）
开封——考取功名

嘉祐六年（1061）
凤翔——第一份工作

熙宁四年（1071）
杭州——自请外放，调任杭州通判

熙宁七年（1074）
密州——任职太守

熙宁十年（1077）
徐州——任知州治理黄河水患

元丰二年（1079）
湖州——"乌台诗案"爆发

元丰四年（1081）
黄州——生命的淬炼

元祐元年（1086）
开封——任翰林学士

元祐五年（1090）
杭州——筑建苏堤

元祐六年（1091）
颍州——和欧阳修《木兰花令》词

元祐七年（1092）
扬州——为民请命

元祐八年（1093）
定州——定州整军

绍圣元年（1094）
惠州——被贬惠州

元符元年（1098）
儋州——"我本海南民，寄生西蜀川。"

建中靖国元年（1101）
常州——终老之地

崇宁元年（1102）
郏县——安息小峨眉

鸣 谢（排名不分先后）

中共眉山市委宣传部　　　　　　　眉山三苏祠博物馆
开封市文物考古研究院　　　　　　徐州市云龙湖风景名胜区管理委员会
黄冈市东坡文化研究会　　　　　　黄冈市赤壁管理处
黄冈市博物馆　　　　　　　　　　黄冈市黄州区文化和旅游局
杭州市苏东坡文化研究会　　　　　杭州西湖博物馆总馆
惠州市博物馆　　　　　　　　　　惠州市东坡文化协会
海南省东坡文化研究与传播中心　　海口五公祠
儋州市旅游和文化广电体育局　　　儋州东坡书院
儋州市东坡文化研究会　　　　　　常州市苏东坡研究会
常州市苏东坡纪念馆　　　　　　　郏县三苏纪念馆